話がうまい人の頭の中

齋藤 孝

リベラル新書

はじめに

「うまく話すことができない」

「みんなと会話をするのが苦手」

「話が上手な人になりたい」

こうした悩みは、いつの時代にもある、普遍的なものです。なぜなら、時代が変わり、どれだけ技術が革新的な進化を遂げようとも、私たちのコミュニケーションの土台となるのは、「リアルな会話」だからです。


では、ちょっと考えてみてください。

そもそも「話がうまい」とはどういうことでしょうか。

スラスラと流暢に話すことができる。おもしろい話で笑いがとれる。つい耳を傾けたくなるような魅力的な話ができる。さまざまなイメージが思い浮かぶと思います。

たしかに、どれも「話がうまい」と言えるかもしれません。

しかし私はこう考えています。話がうまいとは、自分の意図を正しく、そして、わかりやすく伝えられることである、と。


とくにビジネスシーンでの報連相（報告・連絡・相談）や会議、プレゼン、商談などの実務的なコミュニケーションにおいては、言いたいことを聞き手に正確に伝え、それをしっかり共有することが重要視されます。

極端に言えば、爆笑を誘う話術や弁舌の巧みさは、「まず、聞き手にちゃんと伝わる」という前提のうえで追加させていく〝オプション〟にすぎません。どんなにおもしろく話せても、どんなによどみなく話せても、肝心な話の内容が伝わらなければコミュニケーションが成立しないのですから。

このことを誤解したまま、うまく話せない（＝おもしろい話ができない）と悩んでいる人は意外と多いのです。

しかし、意図が正しく伝わるという意味での「うまく話す」という行為に、何ら特別な才能は要りません。ちょっとした意識の変化とテクニックだけで、メッセージはみるみる伝わりやすくなります。そのポイントをみなさんにお伝えしたいと思います。

まず、知っていただきたいのは、次の2つの事実です。

・「話す」と「伝える」は同じではない
・相手が「聞いている」から「伝わっている」とは限らない

私たちは、日常生活でも仕事でも常に「話して」いますが、自分が話した内容と、相手が受け取った内容がズレていることはよくあります。ときには「あれだけ言ったのに、どうしてわからないんだ！」と怒りたくなることもあるでしょう。

なぜ、そんなことが起きるのか？　こちらは「話した」し、相手も「聞いていた」けど、結果として「伝わっていなかった」からなのです。

単なる認識のズレで済めばいいのですが、認識のズレは誤解を生み、その誤解はときにトラブルに発展します。

しかし、話す側に「どう言えば相手に間違いなく伝わるだろうか」という意識さえあれば、トラブルはもちろん、認識のズレも解消できるでしょう。その意識を常に持っている人こそ「話がうまい人」なのです。

本書でご紹介するスキルを使って、あらゆるコミュニケーションの土台となる「伝わる話術」を、ぜひ身につけていただきたいと思います。

齋藤　孝

はじめに

話がうまい人の頭の中／目次

第1章 「話がうまい」とはどういうことか

第2章 なぜあなたの話は伝わらないのか

第3章 話がうまい人が気をつけている3つのこと

第4章 「うまく話す」ための鉄板スキル

第5章 人前でうまく話すためのヒント

第1章

「話がうまい」とはどういうことか

話がうまい人は「相手の時間」を奪わない

「はじめに」で、「話がうまい」とは、自分の意図を正しくわかりやすく伝えられることであると書きました。しかし、これではまだ抽象的です。そこで、ここからは話がうまい人の特徴・条件について考えてみましょう。

「話がうまい人は〇〇である」

この〇〇を明らかにすることで、私たちが目指すべき到達点が見えてくるはずです。まず、ふれておきたいのは「時間への意識」です。

世の中の情勢や社会環境が目まぐるしく変化し、新しい情報や知識が分刻みに更新されていく現代は、「時間への意識」が強く求められる時代です。

月並みですが、私たちに与えられた時間は無限ではありません。時間は誰にも平等に与えられていますが、同時に、誰にとっても有限なのです。

限りある時間を生きている私たちにとって、他者とコミュニケーションを図る際に必要なのは、相手の時間に対する気遣いではないかと私は考えています。

たとえば、10人のメンバーが集まって「30分限定」で意見交換のミーティングが行われたとしましょう。この場合、ひとりが3分ずつ発言するとルールを決めれば、制限時間の30分で全員が発言し、全員の意見を聞き終えることができます。

しかし、出席者の誰かが「3分」という持ち時間を超過して、4分、5分と話してしまうと、そこから計算が狂い始めます。

この人の後で話す人は、3分のはずの持ち時間が「2分」「1分」と削られていき、最後の方の人に至っては、話す時間がほとんどなくなってしまいます。

司会者やファシリテーターが常にいるとは限りませんし、いたとしても、発言時間を厳しくチェックしながら進行するのは簡単ではありません。

結局、ひとりの長話のために、発言時間が極端に短い人、発言の機会がなくなる人が出てきます。

「時間」は一度使ったらそれっきり。〝リサイクル〟できない貴重な資源です。

「10人が集まる30分のミーティング」は、一人ひとりがお互いにその貴重な時間を「30分ずつ」供出して行われていることになります。

この30分の「価値」は、人によってさまざま。誰かに仕事を代わってもらって捻出した30分かもしれませんし、先約をズラしてつくった30分かもしれません。

誰もが忙しいなかでやりくりした30分は、10人のメンバーの「共有資源」であると言えるでしょう。ピーター・ドラッカーも『経営者の条件』の中で、時間はもっとも希少な資源だと言っています。

そこで持ち時間を守らずにグダグダと長話をするのは、他の出席者の時間を奪う行為にほかなりません。そのせいで時間が足りずに発表できなくなった人は、自分の時間を持ち逃げされたようなものです。だからこそ、決められた時間を守って自分の意見を伝える必要があるのです。

このように考えると、話がうまい人とは、簡潔に話すことで「周囲の人の時間を奪わない人」だと言えそうです。

死までの「限りある時間」を意識する

限りある貴重な時間のなかで誰かとコミュニケーションを図るときには、私たちは「残り時間」というものにもっと意識を向けるべきだと思います。

ドイツの哲学者マルティン・ハイデッガーは、その著書『存在と時間』の中で、「人間は根源的に時間的存在である」と論じています。この場合の「時間」とは「死までの時間」のこと。端的に言えば、「人間は過去から現在を経て、未来（最終的には死）へ向かう存在である」という考え方です。

人間は永遠に生きることはできず、死はすべての人に平等に訪れます。

そうであるならば、あらゆる人間の営みは、死ぬまでに残された時間の制約を受けていると言っていいのではないでしょうか。

〈Time is money.（時は金なり）〉という言葉を有名にしたのは、アメリカ建国の父で政治家だったベンジャミン・フランクリンです。「時間はお金と同様に大切だから無駄にしてはならない」という戒めですが、私たちはついそのことを忘れてしまいがちです。

先のミーティングの例でも、持ち逃げされたのが時間ではなくお金だったら、大きなトラブルに発展してもおかしくないでしょう。

「聞いてもらっている時間は相手の財産なのだ」という意識を忘れず、自分の時間以上に聞き手の時間を大切にすべきだと思うのです。

「24 -TWENTY FOUR-」に見る理想の情報共有

時間への意識と言えば、今から20年ほど前、アメリカのテロ対策組織CTUの捜査官ジャック・バウアーとテロリストとの攻防を描いた「24 -TWENTY FOUR-」という海外ドラマが大ヒットしました。24時間の出来事を1話1時間で描くという、物語と現実の時間の進行をリンクさせたストーリー展開が話題になったものです。

そのドラマのなかで、主人公が所属するチームが時間に追われながらミーティングをするシーンがあります。集まったメンバーが、1分以内にサッと情報交換を済ませて、またすぐに散会していく——。任務を遂行するにはとにかく時間がないので、会話もミーティングもアッという間です。

そこでダラダラと報告していたら、事態はどんどん悪化していくでしょう。チームの共有財産である時間を奪うことは、お金どころか人命を危険にさらすことになってしまうのです。

そうした極限状態のミーティングでのテキパキした様子を見て、ドラマの世界とはいえ「時間意識の高いコミュニケーションとは、かくあるべし」と思ったものです。

家族や気の置けない仲間たちと、時が経つのを忘れてゆっくり雑談を楽しむ時間も、心豊かな人生を送るためには大切です。

しかし、ビジネスシーンのような正確さと迅速さが求められる会話では、無駄に時間を使わず、いかにテキパキ伝えるかという意識が必要になるのです。

話がうまい人のイメージ再現力

タレントの彦摩呂《ひこまろ》さんには、グルメ番組の食レポなどでよく使われる「〇〇の宝石箱や〜！」という鉄板フレーズがあります。

「豪華な食材をふんだんに使った料理」や「見た目にも美しい盛り付け」を〝宝石箱〟という言葉で的確に言い表したフレーズです。

コメントを聞いた視聴者は、テレビの映像を見なくても、丼の上の刺身がまるでイクラならルビー、アジならサファイア、鯛ならオパールの如く、キラキラと光り輝いている様子が想像できます。

彦摩呂さんが海鮮丼を「宝石箱」という見事なたとえに変換したことで、コメントを聞いた人も同じイメージ（絵）を思い描くことができるのです。

話がうまい人は、このように、目の前にあるものや頭の中にあるイメージをわかりやすい言葉に変換して話しています。

小説の実写化でファンが激怒する理由

小説家もまた、言葉だけで的確にイメージを伝えるプロです。頭の中に浮かんだ物語や情景を文章にして読者に伝えるのが、小説家の仕事。読み手は、自分なりに想像を膨らませながら作品世界に入り込みます。

読者の中には、自分のイメージに合った俳優やタレントさんを登場人物にキャスティングして読み進める人もいるかもしれません。そこまでしなくても、読書はそれぞれの読者が、その物語を原作にして頭の中で映画を撮っているようなものです。

１００人の読者がいれば、１００通りの情景や人物のイメージが存在すると言っていいでしょう。

だからこそ、小説が実写化されて映画やテレビドラマになると、「自分のイメージとは違う」と怒る人やガッカリする人が出てくるのです。

しかし、実写化にあたってそうした話題が出てくること自体、その作品が読む者のイメージを豊かに喚起する作品だったと言えないでしょうか。

もちろん、タレントでも小説家でもない私たちが、同じように優れた表現を駆使するのは難しいでしょう。ただ、絵や情景が浮かぶように話すことを意識するだけでも、伝わり方は大きく変わってくるはずです。

たとえば「営業部のAさんが駅前を歩いているのを見たんだけど……」という話も、ただ「歩いていた」と言うだけでは具体的な絵を想像することができません。

でも、

「今にもスキップを始めそうなくらい、楽しそうに歩いていて……」

「悩み事でもありそうな顔で、背中を丸めてトボトボ歩いていて……」

といった伝え方なら、聞き手はAさんの歩き姿をより明確にイメージできるはず。「話がうまい人」は、ビジュアルが聞き手の理解に効果的に働くことをよく知っているので、こうした情景描写が非常に巧みなのです。

言葉が伝わりづらいのはなぜ？

最近、書店に行くと、イラストや写真などビジュアル素材がふんだんに使われた本が目立つようになりました。また、企業のプレゼンや発表も、口頭での説明だけでなく、パワーポイントのスライドを使うことがもはや当たり前になってきました。

これは、言葉単独での説明よりも、図やイラストがあった方が理解しやすいことを表しています。図やイラストは、言葉だけでは伝えきれない部分を補ってくれる、心強い「伝達補助ツール」なのです。

言葉は物事を細やかに、詳細に、丁寧に伝えることに向いていますが、それでも容易には伝わりません。なぜなら、言葉は「話し手が話す順に単語が送り出され、時間軸に沿って聞き手に伝わっていく」という特性があるからです。

言葉（話し言葉）は1本のレールの上を走る電車のように順番に相手に伝わり、一度話したら、修正や後戻りができません。この特性は「言語の線条性」と呼ばれています。

一方、図やイラストは、言葉のように細かな情報は伝えられませんが、一度に全体を俯瞰して見ることができるメリットがあります。

ですから、「詳細で丁寧な言葉」と「広く俯瞰できる図・イラスト」の両方を駆使して伝えるのが、いちばんわかりやすい伝達方法と言えるでしょう。

私が大学の授業で学生に発表用のプリントを作成してもらうときも、言葉とビジュアルのダブル要素を使ってつくるように指導しています。

写真やイラストでもいいですし、グラフや図版でも構いません。理解の助けとなるビジュアルを盛り込めば、伝達の質とスピードは大きく向上するでしょう。

イラストで伝える一茶の名句

先日、２万句近くある小林一茶の俳句から１００句を厳選してそれぞれに解説をつけた『心を軽やかにする小林一茶名句百選』（致知出版社）という本を出版しました。

空腹《すきばら》に　雷《かみなり》ひびく　夏野かな
わんぱくや　縛《しば》られながら　呼ぶ蛍

といった有名な句を読む（聞く）と、頭の中にその情景がまざまざと浮かんでくるのですが、読者にも同じように伝わるとは限りません。それなら、イラストを添えようということになりました（ちなみに、この本のイラストは全編私の直筆です）。

たとえば、「大根《だいこ》引き　大根で道を　教えけり」という句があります。「畑で大根を収穫している農夫に道を尋ねたら、大根を持ったままの手で道を示した」という意味ですが、まわりの人に聞くと、この句からシーンを思い描くのが難しいと言う人もいました。

そこで、引き抜いた大根で「あっち」と道を指し示す農夫のイラストを入れました。こうすることで、私が伝えたいイメージと読者が思い描くイメージを一致させることができるのです。

イラストで想像力を限定してしまうデメリットもありますが、何もイメージできないよりはマシでしょう。

これは本の例ですが、ビジュアルで言葉を補足するというアプローチは、話すときも変わりません。

話していて、言葉だけではいまいち伝わっていないなと感じたら、「つまり、こういうことです」とイメージに近い絵や写真を見せるか、紙に図示すればいいでしょう。言葉では理解できなかった相手も、一瞬で腑に落ちると思います。

話がうまい人は「適語適所」で話す

ひと口に「話す」と言っても、場面によって聞き手はさまざまです。

ビジネスシーンなら上司、部下、同僚、先輩後輩に顧客や取引先など。仕事の経験が豊富な人もいれば、入社したばかりの新人もいるでしょうし、共通言語を持っている人もいれば、その分野に詳しくない人もいます。

プライベートなら家族、夫婦、親子、親戚から友人知人、ご近所さんなど。相手が子どもという場合もあれば、ずっと年配の高齢者のときもあります。

シチュエーションによっては、男性、女性の違いを意識しなければならないときもあるでしょう。

話す相手や状況によって、どんな話題を選ぶか、どんな言葉や表現を使うか、また、ハラスメントにならないように、適切な言葉を選べるかどうか……。

話がうまい人とは、自分が話す場の状況をきちんと理解し、ＴＰＯに合わせてふさわしい言葉の選択ができる人です。適材適所ならぬ「適語適所」で会話ができる人と言えるかもしれません。

「相手は小学生だから、この言葉は難しすぎるな」

「この人に、こんなことを言ったら気分を害するかもしれない」

「この集まりなら、あのたとえを使えば『あるある！』と共感してもらえるだろう」

「厳粛な場だから、奇をてらった話をすると失礼にあたるかもしれない」

このように、状況や相手に応じて何をどう話すべきか（話すべきではないのか）を見極める状況把握力と状況判断力が必要なのです。

そう考えると、「話のうまさ＝社会性の高さ」であると言えるかもしれません。

ときには、話題や言葉選びについて、自分ひとりでは判断がつかないことがあるかもしれません。そういうとき、自己判断でイチかバチかの賭けに出るのは非常に危険。

悩んだときは、誰かに相談するのがベストです。

「この場はくだけた感じで話してもいいんですかね。それとも、まじめに話した方がいいですか？」

などと意見を聞いてみればいいのです。

教育実習の現場では、指導教官が実習生に対して話し方のアドバイスをすることがあります。

「A組は比較的まじめな子が多いから落ち着いた感じで話すといいかもしれない。逆に、B組は活発でにぎやかな子が多いから、テンション高めで話しても問題ないよ」

こんな具合です。

授業内容は同じでも、クラスの雰囲気によって話し方を変えるのは、教育現場では珍しいことではありません。しかし、初めて教壇に立つ実習生がいきなり各クラスの雰囲気を把握するのは難しいでしょう。そこで、指導教官が助け船を出してあげることによって、クラスの雰囲気に合わせた授業が可能になるのです。

私たちの会話にも似た側面があるのではないでしょうか。

同じ話をするにしても、聞き手が違えば「適語」も変わります。相手の年齢や知識量に応じた話し方をしなければ、こちらの意図は正しく伝わりません。

話がうまい人は、常に相手や場面に応じた適切な話し方を考え、チャンネルを合わせるように、ベストな選択をしているのです。

話がうまい人が走らせている「2本の電車」

うまく話すには「状況把握力」と「状況判断力」が必要です。

会話における「状況把握」とは、相手に応じて適切な言葉選びをすることだけでなく、話しながらリアルタイムで相手を観察することも含まれます。

「観察」とは、すなわち、聞き手の〝理解度〟をつかむということ。相手は今、話をきちんと理解しているだろうか、と考えてみるのです。

聞き手の反応を見ながら、「あまりピンときていないかも」と思ったら、たとえ話を挿入したり言葉遣いを変えたりと、話の内容をアレンジします。相手が退屈していると感じたら、細かな説明や複雑な内容を省いて、話のテンポも速めてみる。

聞き手の理解度を察知する〝理解度センサー〟を働かせれば、相手の反応に合わせて「もっとわかりやすい表現を使おう」「もう少し一般的な例を出そうかな」と、話の軌道修正ができるようになります。

このセンサーを働かせるには、頭の中で2つの思考を同時に進める必要があります。ひとつは話の展開を組み立てる思考（→何を、どう話すか）。そして、もうひとつが、ここで解説している聞き手の理解度を察する思考（→ちゃんと伝わっているか）です。

たとえるなら、頭の中に「自分向き」と「聞き手向き」の2本の列車を同時に走らせて、それをコントロールしているようなイメージです。

話がうまい人は、常にこの2つの思考を動かしながら話をしているのですが、うまく話せない人には、後者の「聞き手向き」の思考ができない人が少なくありません。

聞き手が表情を曇らせて「？」な顔をしているのに、それに気づかずどんどん話を進めてしまう。聞き手が明らかに退屈そうにしているのに、同じ内容、同じペースで語り続けてしまう。

自分が話すことだけでいっぱいいっぱいになって、聞き手を観察する余裕がなくなってしまうのでしょう。

それでも、聞き手が親しい間柄であれば、話を止めて「わからない」と言ってもらえるかもしれません。しかし、話し手が年配の上司で、聞き手が新入社員といったシチュエーションではどうでしょうか?

話し手は得意げに話し続け、聞き手は遠慮して「わからない」と言い出せず、両者の間に溝ができたまま時間だけが過ぎていく……。

こうなると、話し手には「自分が話したいことを話し続ける人」「話が通じていようがいまいが構わない人」といった傲慢なイメージが定着してしまいます。

このような、聞き手の理解度を無視した「単線電車」的な話し方では、なかなか話が伝わりません。

ただ「話す」だけなら聞き手の理解なしでも成立しますが、「伝える」というコミュニケーションの場合、聞き手の理解なしには成立し得ないのです。

２つの思考を同時並行で走らせるというと、難しく感じるかもしれません。けれども、これはよく言われる「マルチタスク」と同じことです。

言い換えれば、ピアノ演奏における右手と左手の動きのようなもの。

ピアノに慣れていなくて右手でしか弾けないという人でも、練習をすれば、左手も合わせて弾けるようになるでしょう。慣れるまでに時間がかかるでしょうが、絶対に不可能なことではありません。

ピアノの両手弾きと比べたら、「聞き手の反応を読み取りながら話す」というマルチタスクは、決して高すぎるハードルではないと思います。

「自分の話はどう理解されているのかな?」「ちゃんと伝わっているだろうか?」と、ときどき確認しながら話を進める。それを習慣化することで、独りよがりの話をする失敗を防ぐことができるのです。

第2章

なぜあなたの話は伝わらないのか

「伝わらない」のはどうして？

伝達手段が増えただけでなく、さまざまな背景を背負った人と話す機会も増えた今、私たちは、伝えたいことをまっすぐ相手に届ける重要性を、もっと強く意識すべきではないでしょうか。

「なぜ、こちらの意図が伝わらないのか？」

「どうして説明と理解にズレが生じるのか？」

「そもそも伝わらない原因は何なのか？」

こうした疑問に改めて向き合うことで、「あの人は何が言いたいのか、よくわからない」と言われることを回避できるのです。

そこで本章では、さまざまな「伝わらない」状況をピックアップし、その原因を探っていきたいと思います。

話が長くて伝わらない

ダラダラとしゃべり続けるだけで、結局何が言いたいのかわからない――。伝わらない原因の代表格とも言えるのが「長い話」です。

よほどの話し上手や説明上手は別ですが、一般的には長く話せば話すほど、いちばん伝えたい情報やメッセージがぼやけてしまうもの。大学の授業で学生に課題の発表をしてもらうときも、関係のない話が延々と続くと、次第に他の学生たちから、

「で、この説明っていつまで続くの？」

「さっきの話はどこに行ったの？」

「話の結論は？」

という空気が漂ってきます。

〝外堀〟に関する話ばかりで、全然〝本丸〟が見えてこない。そうなると時間をかけ

た割に「話の趣旨がよくわからない」という印象になってしまいがちです。

話が伝わりにくいタイプには、要点が不明確なまましゃべり続ける人がいます。そのため、聞いている側は話の筋をつかむことができず、目的地を知らされないまま、ひたすら歩かされることになるのです。

タイパ（タイムパフォーマンス＝時間対効果）が重視され、効率の良いコミュニケーションが求められている現代、とくにビジネスの現場では「何を言ってるのかわからない」という印象を持たれてしまっては、仕事の評価にも悪影響を及ぼすでしょう。

話が長い人は、前置きや必要のないエピソードが延々と続く傾向があるようです。

本題になかなか入らない話ほど、聞き手にイライラや苦痛を感じさせるものはありません。話が冗長になってくると、聞き手が「聞き疲れ」をして理解力が低下するという状況も起こり得ます。

「人の集中力は15秒程度しか続かない。だから同じ話を15秒以上続けると、聞き手の集中力が途切れて伝わりにくくなる」

これは私の教え子でもあるＴＢＳの安住紳一郎アナウンサーから聞いた話です。テレビの世界では、視聴者を飽きさせないようにどれだけテンポ良く話を展開させるかが追求されています。それはもう、秒単位の世界でしょう。

ＣＭも基本は15秒です。この「15秒」という時間には、説得力があるのです。長いだけで要領を得ない話は、人間の生理的反応という点からも、伝わらない話になりやすいのです。

抽象的すぎて伝わらない

話が抽象的すぎるのも「伝わらない」原因のひとつ。要するに、ボンヤリしているのです。

たとえば、「今夜の夕食どうする？」という問いに対して、「ハンバーグ」「焼肉」などと料理名まで答えるのが具体的な回答だとすれば、「洋食」「肉系」「ボリュームのあるもの」といったアバウトな答えが抽象的な答えになります。

抽象的な話というのは、何となく言いたいことはわかっても、それ以上のことが見えてきません。「今夜は肉系がいい」と言われただけでは、肉が食べたいことはわかっても、どんな料理がいいのかまでは伝わらないのです。

抽象的すぎる話が伝わりにくいのは、それだけ解釈の自由度が高くなるから。あいまいでぼんやりしている部分をどう理解するかは、聞き手の解釈や推測、想像に委ねられます。

「肉系の料理」と聞いて「ステーキ」と解釈する人もいれば、「ハンバーグ」と解釈する人も、「しゃぶしゃぶ」や「トンカツ」と解釈する人もいます。

話し手は「ステーキ」のつもりで肉系と言ったのに、聞き手が「すき焼き」と解釈して両者間の認識にズレが生じれば、「意図が伝わっていない」ことになります。

これが単に夕飯の献立の話ならズレが生じても笑い話で済みますが、それでは困る場合もあるでしょう。たとえば、仕事におけるズレは厄介です。

職場では、上司の指示がアバウトなせいで、指示される側がどう動いたらいいのかわからないといった事態が往々にして発生します。

たとえば、

「お客様には常に誠実に接すること」

「感謝の気持ちを持って、謙虚さを忘れずに」

「忙しいときも気合を入れて頑張ろう」

いずれもよくありがちな上司からの訓示の一例です。言っていることは決して間違ってはいません。誰もが異論なく納得するでしょう。

ただ、それは「言わんとしていることはわかる」「正しいことを言っているのはわかる」というレベルの話。

では、そのために何をすればいいのかという具体的な話についてはまったく語られていません。本来、訓示で部下に伝えるなら、この「何を？」の部分が肝心であることは言うまでもありません。

・誠実に接する　↓　問い合わせには即日返答する
・感謝の気持ちを持つ　↓　「いつもありがとうございます」と必ず言い添える
・気合を入れて頑張る　↓　10％の売上増を目指す

これくらい言い換えないと、メッセージは依然としてボンヤリしたままです。「そんなのニュアンスでわかるでしょ」と思うかもしれませんが、その「ニュアンス」を言語化すべきなのです。

先に述べたように、抽象的な表現は聞く側の理解や解釈が異なるので、自由度が高く、引き出されるアウトプットも人それぞれ。そのため、すべての人が同じ解釈をして、同じように意図を汲み取れるとは限らないのです。

もちろん、抽象的な表現がすべていけないわけではありません。人間関係では、断定的な言い方をせず、あえて婉曲的な表現を使うことが良い場合もあるでしょう。

ビジネスの場でも、大きな方針を打ち出すときには、社員それぞれに考えてもらうために、あえて解釈の余地を残す言い方をすることもあります。

ただ、それはあくまでも例外的なケース。正確で明確な情報を伝達（共有）したいなら、抽象的すぎる表現が伝わりにくさの要因となることは否めません。

このポイントを記憶に残しやすいように、エピソードをひとつ。

あるとき、タモリさんが別荘に笑福亭鶴瓶さんを招待するにあたり、管理人さんに「枝の手入れ」の意味で「木を切っておいて」と伝えました。すると、タモリさんのお気に入りの木がすべて切り倒されてしまったのです。タモリさんは「きちんと説明しなかった自分が悪かった」と言っていたそうです。

感覚的すぎて伝わらない

今や、すっかり世の中に定着した感のある「ヤバい」という言葉。

最近では「エモい」といった言葉も広く使われるようになりました。こういった、主観を表す形容詞（感覚的形容詞）の多用も、話が伝わらない原因のひとつです。

たとえば「昨日の夜、サッカーの試合、観てた？　マジでヤバかったね」と言われたらどうでしょうか？

聞き手も同じ試合を観ていたのなら、話し手が言う「ヤバさ」の意味もそれなりに伝わるでしょう。

しかし、サッカーに興味がなく、その試合を観ていなかったとしたらどうでしょうか。何がどう「ヤバい」のか、ほとんど伝わりません。

さらに、「ヤバい」は「不都合な状況」という否定的な意味だけでなく、「素晴らしい」「感動的」「楽しい」といった肯定的な意味合いでも使われています。

だから、「昨夜の試合はヤバかった」も、中継を観ていなければ、負けそうでハラハラさせられる試合だったのか、圧倒的な強さで勝利した試合だったのか、あるいは完全に負けていたけど、予測不可能な大逆転劇で勝ったのか、わからないというわけです。

ビジネスの現場でも、表現が感覚的であるがゆえに「伝わらない」というケースは、よく見受けられます。

たとえば、あなたが作成した企画書を見て、上司がこう言ったとしましょう。

「なんかこう、パッと見たときにスコーンと飛び込んでくるものがほしいね」

「悪くはないんだけど、ちょっとピンとこない。全体的にいまいちだな」

「このページで、ポンポンポーンってテンポ良く説得しないと……」

何となく「ダメ出しされている」ことはわかります。でも、「それなら、どうすればいいのか」など、いちばん大事なことが伝わってきません。

「スコーンと飛び込んでくる」とはどういうことか？

「ピンとこない」のは、どこの部分でなぜなのか？

「テンポ良く」とはどういうことなのか？

このように感覚的な感想を提示する人は、得てして「いい感じにチャチャッとまとめてくれる？」といった、あいまいな指示しか出さないものです。

仕方がないので自分なりの判断で進めると、「ちょっと違うような気がする」と、理解不能なダメ出しをされた――。こんな経験を持つ人もいるでしょう。

抽象的な指示を出す人は、指示がわかりづらくても後は聞き手が何とかしてくれるだろう、という甘えがあるのかもしれません。

あるいは、残念ながらイメージを相手に伝えるボキャブラリーがないのだとも言えます。擬音語・擬態語など感覚的な言葉を多用する人は、本人が想像している以上に「伝わっていない」ので注意が必要です。

冷静になれないから伝わらない

人間は良くも悪くも「感情に引きずられる」生き物です。

「それ、違いますよ」と否定されると、ムカっとする。

「○○の方が正しいと思います」と反論されると、イラッとする。

「××すべきでしょう」と意見されると、不機嫌になる。

自分の意見を否定されるのは、決して気分のいいものではありません。ただ、自分を見失うほど感情的になるのは考えもの。頭にカーッと血がのぼっている状態では、論理的な会話ができなくなってしまいます。問題点を冷静に指摘したり、課題を解決したりするのではなく、どうすれば相手より優位に立てるか、だけを考えてしまうからです。

その瞬間にわきあがったネガティブな感情に引きずられると、理性的・論理的な思考が頭の中から追い出されて、会話が支離滅裂になりがち。

強すぎる感情をコントロールできなくなると、

・「まず自分の意見ありき」で理論や根拠が後付けになる
・気分によって意見が変わるので話に一貫性がなくなる
・「自分の意見＝正しい」と思い込んで他者の意見に耳を貸さなくなる
・ケンカ腰でマウントを取ろうとする

など、まともな会話のキャッチボールが成立しなくなります。こうなると「意図を正しく、わかりやすく伝える」以前の問題になってしまうのです。

感情論の根っこには「自己保身」の意識が横たわっています。

「自分の意見が絶対に正しい」という思い込みから「誰にも否定されたくない」「異論なんて認めたくない」と考え、常識的な議論を無視して主張してしまう。

それは、「正しいことを言っている」という自分の立場を失いたくないという自己保身から生まれる言動なのです。

私が大学生の頃、「世の中の大抵のことは保身と嫉妬で説明がつく」と断言していた友人がいました。その慧眼《けいがん》に「なるほど、鋭いな」と感心したものですが、彼の言う通り「滅茶苦茶なことを言っているな」と感じたら、その人の心理的背景には保身か嫉妬がある可能性が高いのです。

もちろん、感情をベースに話すことを全否定しているわけではありません。コミュニケーションとは、突き詰めれば「意味」や「感情」をやりとりする行為です。何の感情もこもらない言葉のやりとりほど、無機質でつまらないものはありません。

問題は、自分の感情をいかに自覚して制御できるか、なのです。

豊かなコミュニケーションは、お互いの感情を理解し、それを踏まえたうえで筋道を立てて言葉を交わしてこそ、成立するのです。

そこで自分の感情だけに意識を向けた、自分本位の発言を振りかざせば、「伝えたくても伝わらない」「伝わるべきことも伝わらない」という事態に陥ってしまうでしょう。

関係性が築けていないから伝わらない

同じ内容の話をするのでも、相手との関係性によって伝わり方に違いが生まれます。

ポジティブな感情でつながっている相手とならば、お互いが歩み寄ることで会話が成立するでしょう。

一方、相手を嫌っている、相手と距離を置いている、対立関係にあるなどネガティブな印象を持っていて、関係性がうまく構築できていない人が相手だと、些細《ささい》な食い違いがあるだけで、伝わりにくくなります。会話そのものもギクシャクするかもしれません。

学校の先生の場合、「教え方が上手な先生」になれるかどうかは、新学期が始まる4月の最初の授業で決まってしまうと言われています。初日に生徒に好印象を持たれれば、それ以降のコミュニケーションがとりやすくなるからです。有名予備校でも、最初の授業を事前に徹底的にトレーニングしています。

実際、最初に生徒たちとの距離が縮まれば、その後の授業でも話を熱心に聞いてもらえるでしょうし、授業の内容も伝わりやすくなるでしょう。だから、新人教員を指導するときも、「肝心なのは、最初の顔合わせだぞ。しくじったらその後の1年間は悲惨だからな」と、注意を促すのです。

ビジネスの世界でも同じことが言えるでしょう。

〝トップ営業マン〟と呼ばれる人には、顧客だけでなく、その家族の誕生日まで覚えているという人がいます。彼らは顧客の懐《ふところ》に入り込んで良好な関係性を築くことで、初めてこちらの話を聞いてもらえることを知っているのです。

これはつまり、「伝わりやすさ」は相手との関係性によっても大きく左右されるということ。単純に論理的であればいい、というわけではないのです。

これは、とくに難しい話ではありません。自分の身に置き換えてみれば、よくわかるのではないでしょうか。

ケンカをしたばかりの相手の話は、いくら真っ当な内容でも聞きたくないもの。それは「アイツの話なんか」という感情が先に立って、コミュニケーションの回路が閉じられているからです。

何となく信用できない人の話も、「言ってることはまともだけど、ホントかな」という疑念が先に立つので、やはり完全には受け入れられないでしょう。

また前述したように、好きな先生の授業は真剣に理解しようとするけれど、嫌いな先生の話は耳に入ってこない。学生時代にそんな経験をした人も多いのではないでしょうか。

もし、あなたが、

「あの人とはどうも話が噛み合わない」

「筋道を立てて話しているのに、全然わかってもらえない」

「こっちは気を使って話を合わせようとしているのに、聞いてもらえない」

と感じる相手がいるとしたら、その「伝わらなさ」は、話の論理性うんぬんより、相手との関係性、あるいは相手かこちらの感情に原因があるのかもしれません。

普段からよくコミュニケーションをとっておけば、多少言葉が足りなくても、あるいは少しくらい説明が拙《つたな》くても、わかってもらえるもの。

だからこそ、伝え上手になるためには、聞き手となる人と「良好な関係」を構築しておくことも重要なのです。

ちなみに私は、雑談を積極的にしたり、お菓子のやりとりをしたりして、ぎこちない関係を「良い関係」にしたことがありました。

カッコつけるから伝わらない

ある自治体が、コロナ禍に行った施策が物議を醸しました。

ワクチン接種日の前日に予約者に送った一斉メールの件名が「リコンファメーションのお知らせ」となっていたのです。この言葉、すぐに理解できるでしょうか。

リコンファメーション???　メールを受け取った人からは、案の定「何のことか?」「意味がわからない」と苦情が相次いだと言います。

リコンファメーションとは「再確認」という意味。海外旅行で飛行機を利用するときに、航空会社が行う搭乗確認「リコンファーム」を連想した人もいるでしょう。最近は何でも横文字にする風潮がありますが、それでも「リコンファメーション」はわかりにくい言葉です。

このメールはお年寄りも読むものですから、耳慣れない外来語ではなく、「ワクチ

ン接種の予約　再確認のお願い」とすればよかったのではないでしょうか。

近年、ビジネスの現場では、カタカナ語（外来語）が幅を利かせています。なかには「イノベーション（刷新、改革）」や「コンプライアンス（法令遵守）」「ハラスメント（嫌がらせ）」のように、すでに定着している言葉も増えてきましたが、

「3カ月後にローンチする新規サービスでは、SNSとのコンバインによるシナジー効果が生み出すベネフィットが見込まれており――」

「現在、アサインした担当者にタスクのプライオリティをフィックスさせているのですが――」

ここまでくると、横文字に強いビジネスパーソンでも、「やりすぎ」だと思わず失笑してしまうでしょう。このように、カタカナ語の過剰な使用によって話がわかりにくくなるケースはよく見受けられます。あまりに度が過ぎると、意味が伝わりにくくなるだけでなく、ときにその姿が滑稽にさえ見えてしまいます。

カタカナ語の使いすぎは、嫌味な印象を相手に与えることにもなりかねません。

「コミットする（積極的に関与する）」「アグリーする（同意する）」「クロージングする（契約を取る）」「マイルストーン（中間目標）」――こうした言葉を使っている本人は、自分は仕事ができると悦に入っていても、伝わっていない可能性もあります。

仕事ができる人ほどカタカナ語を多用せず、誰もが理解できるようなわかりやすい言葉を選んで話をするもの。いくらカッコいい表現でも、意味が通じなければ本末転倒なのですから。

もっとも、カタカナ語の使用が絶対にいけないわけではありません。

カタカナ語には、「新しい概念を取り入れられる」「日本語表現の幅が広がる」「印象に残りやすい」といったメリットがあるのも事実。

たとえば、最近は、企業や個人が法律・倫理をきちんと守らなければならないという風潮が定着してきました。これも「コンプライアンス」という言葉が広まったからでしょう。カタカナ語とは少しズレるかもしれませんが、「ＬＧＢＴＱ」「ＳＤＧｓ」なども、これらの言葉が出てきて、ようやくその概念が日本に定着したとも言えます。

ただし、使う「タイミング」の見極めには注意が必要です。

前述のコンプライアンスも、今ならこの言葉を使って意味が通じないということはあまりないでしょう。しかし、これが2000年頃だったら、どうでしょうか？

多くの人が「コンプライ……アンス？　何ですかそれ？」という認識だったはず。

つまり、その言葉がどの程度広まっているか、どれくらい一般的に浸透しているのかを見極めたうえで使わなければ、ただ、「カタカナ語を使いたい人」だと見られてしまうおそれがあるのです。

キーワードがないから伝わらない

「伝わらない」状況を生む要因のひとつに、キーワードの欠落があります。発言や行動の主体となる「誰」や「何」という言葉がないために、話が通じないのです。

A『できない』って言われた？　今さら困ると思わないか？」
B「誰が？　うちが？」
A「違うよ。X社の担当者だよ」
B「何を？」
A「明日中にすべて納品するって言ってたじゃないか」

A「悪いけど、迎えにきて」
B「どこに？」
A「○○駅の改札」
B「いつ？」
A「今日の19時に」

A「あれ、どうなってる？」

B「あれって何ですか？」
A「何って、来週の会議で使う資料」

話し手は勝手に「伝わっているつもり」になっているのでしょう。

しかし、聞き手にいちいち聞き返さなければいけないストレスを与えている自覚がないのです。

そうなると、ひどいときには「どうしてわからないの？」「〇〇のことに決まってるだろう！」と、伝わらない責任を相手に転嫁する人も出てきます。

こうした行き違いを避けるには、「相手も自分と同じように理解している」という思い込みの排除が必要です。

相手がいつも都合よくこちらの伝えたいことを理解してくれるとは限りません。

それどころかまったく違うものを想定してしまう可能性もあります。違う「誰か」や「何か」を想定していては、話が伝わるはずもなければ、会話が噛み合うはずもありません。

「夕方には出張で出ちゃうみたいだから、例の稟議《りんぎ》、すぐに提出しろって伝えておいて！」

こう言われても、出張に行くのが「誰」で、例の稟議書が「何の稟議書」で、「誰に」提出しろと言えばいいのか、さっぱりわかりません。

この場合なら最低でも、「〇〇部長は夕方には出張に出てしまうらしいから、△△君に□□の稟議書をすぐに提出するように言ってくれるかな」と、文章中のキーワードを明確にした指示を出すべきでしょう。

最初から相手との間で確実に情報を共有できている状況ならば問題ありませんが、そうでない場合は、「言わなくてもわかるだろう」は禁物。５Ｗ１Ｈを明確にして話すという意識を持つことが重要です。なお、文書なら、必要な要素を箇条書きにしておくとよいでしょう。

「どっちともとれる」から伝わらない

「どっちつかず」の言い方で、真意が伝わらず誤解を招いてしまうことがあります。

たとえば、依頼や誘いを「お断りする」「辞退する」というシチュエーションです。

「この案件の資料づくり、やってもらえないかな？」

「君はゴルフやるんだよね。週末、一緒にどう？」

「金曜の夜、久しぶりに同期会をやろうかと思うんだけど、来られる？」

こうした依頼や誘いを受けたときに、先約や別件があって断わらなければいけないような状況は、誰にでもあるでしょう。

そのときに「断りたいけれど、面と向かっては言いにくい」「断ったらもう誘われないかもしれない」「断ると相手との関係性を壊してしまうのではないか」といった不安を感じる人もいるのではないでしょうか。その気持ちは、わからないではありません。

でも、いちばんいけないのは、

「多分できると思う（おそらく無理だけど）」

「考えておきます（後で断るつもりだけど）」

「行けたら行くよ（ホントは行けないんだけど）」

といった中途半端であいまいな答え方をすることです。

こうした「どっちともとれる言い方」をすると、相手が「承諾した」と思い込んでしまう可能性があります。

相手が聞きたいのは、依頼や誘いに対する「返事」です。先の例ならば、資料づくりを引き受けてくれるのか？　ゴルフには行けるのか？　同期会に出席するのか？

これらの問いに対する明確な答えなのです。

もしかしたら、その資料づくりは緊急の仕事で、あなたができないならすぐに別の人に声をかける必要があるのかもしれません。早めにゴルフのメンバーを確定させたくて、参加できないなら別の人を誘おうと思っているかもしれません。同期会のお店を予約するために、人数を確定させなければいけないのかもしれません。

そこで「多分、大丈夫」などと気を持たせるような返事をされると、相手はそれを「OKなんだ」と誤解して、そのつもりで話を進めてしまうおそれもあるのです。

それなのに、いざ蓋を開けたら「できません」「行けません」「欠席です」となれば、その後の人間関係にまで悪影響を及ぼす可能性があるでしょう。

言い方はいろいろあります。「予定を確認して、明日までにお返事します（次の日に断りを伝える）」とか、「参加できるとしても遅れるので、○時からの参加でOKなら参加します」など。あるいは「すでに予定が入っていて、すみません、また今度ぜひ」という言い方でもいいでしょう。

恋愛対象ではない相手からデートに誘われたり、交際を申し込まれたりしたときは、相手に気持ちがないことをはっきりと伝えるべきだ、とはよく言われる話です。その気もないのにあいまいな返事をして、相手に「脈あり」と勘違いさせてしまえば、思わぬトラブルに発展しかねないからです。

仕事にせよ、プライベートにせよ、恋愛にせよ、最初から断るつもりなら誤解や行き違いを招くような言い方をせず、「できない」「行けない」「その気はない」をきちんと伝える。伝え方がうまい人は、そうすることが本当の意味での「相手への気遣い」であることを知っているのです。

緊張しすぎて伝わらない

話すことに苦手意識を持っている人の中には「緊張してうまく話せない」ことで悩んでいる人もいるでしょう。

ビジネスの現場では、キャリアを積むにつれて人前で話すシチュエーションが増えていきます。プレゼンや社内会議、転職時の面接など、大勢の前で自分の意見を述べることが頻繁に求められるようになります。

しかし、なかには「ドキドキして、まともに話せない」「頭が真っ白になって、何を話しているのかわからなくなる」という緊急事態に陥ってしまう人もいます。

なぜ緊張してしまうのか？

原因はいくつかありますが、ひとつには「人の目が気になる」という心理が挙げられるでしょう。聞き手や周囲の人に悪い印象を与えたくない、話が下手だと思われたくないなど、自分が相手にどう見られるのかを気にするあまり、極度に緊張してしまうというわけです。

こういう人は、「完璧」を求めすぎているのでしょう。

「きちんと話さなきゃいけない」という思い込みが緊張を引き起こすのです。そのため、うまく話せないと「自分はダメだ」と自己嫌悪に陥って、自信をなくしてしまうのです。

そして、その経験がトラウマになると、「また途中で話が飛んだらどうしよう」「どうせ、うまく話せないに決まっている」といったネガティブ思考に縛られて、さらに緊張が加速するという悪循環にハマってしまいます。

なお、人前で話すときの緊張解消法については、最終章でふれていますので参考にしてみてください。

世代の壁に阻まれるから伝わらない

「若い部下とどうやってコミュニケーションをとればいいのか、わからない」と困惑する年配社員。「父親と同じくらい年の離れた上司に、なんて話しかけたらいいのかわからない」と悩む若手社員。

職場に限らず、多様な世代が集まる場では、世代間のギャップに阻まれて「うまく話せない」といった事態が発生しがちです。

コミュニケーションにズレが生まれる原因のひとつが「コンテクスト」の違いでしょう。「コンテクスト」とは〝文脈〟という意味ですが、ここでは「同世代であれば詳しく説明しなくても通じる常識や価値観」だと考えてください。

たとえば、仕事が終わった後で職場のメンバーとお酒を飲みながら交流する「飲み会」。この言葉をどう捉えるかは、世代によってまったく異なります。

昭和世代にとっての「飲み会」とは、普段話せない本音を語り合う場であり、また、ときにはプライベートな情報も開示しながら心理的な距離を縮めていくイベントとして捉えられているのではないでしょうか。

しかし、いわゆるZ世代の若手社員には、そういった認識はありません。

なぜ、就業時間が終わっているのに、自腹を切って上司の自慢話や愚痴を聞かなければならないのか、意味がわからない。これが彼らの本音です。

交流や本音トークは勤務中にした方が効率的ではないのか。強制参加なんて罰ゲーム以外の何物でもない、と考えているのです。

どちらが良い・悪いという話ではありません。現代は、これだけ世代によって考え方に差があるという話です。

良かれと思って飲みに誘う上司、困惑して苦笑いを浮かべる若手……という構図はどの職場でも見られる光景のようです。これはつまり、「飲み会」が持つ意味合い

（コンテクスト）が違うということ。この違いが溝となって、異なる世代間での会話をギクシャクさせているのです。

しかも、現代社会はさまざまなコンテクストの更新サイクルが非常に短くなっています。私も長年にわたって学生と接していますが、若者の間では急速なスピードで流行や常識がアップデートされています。そのため、去年の学生にウケたジョークが、今年の学生にはまったく通じないということもよくあります。

それは学生同士でも同じようで、「ひとつ年下の後輩とは感覚が違う」「今年の新入生とは話がまったく合わない」と困惑する声をよく耳にします。

こうした世代間のギャップを埋めていくには、お互いが相手の世代の価値観や常識を頭から否定しない、敬遠しないという多様性を受け入れる姿勢が大事でしょう。

世代間のズレはいつの世にも存在しますし、今の時代には今ならではの良さがあり、昔は昔ならではの良さがあったはずです。

先の「飲み会」の捉え方の違いも、かつては上司の面倒見の良さや家族的な距離感が、組織の結束を強くするのに効果的だったのでしょう。

けれども、最近はプライベートが尊重され、ある意味では個人の自由を大切にする空気が定着してきたのだと考えることもできます。それはそれで、良いことだと私は思うのです。

ですから、年配世代は「オレたちの頃は良かった。今はダメだな」ではなく「今は今で素晴らしいところがある」と考えてみる。若い世代も「古い世代のことはわからない」ではなく、当時の常識のおもしろさに目を向けてみる。それぞれの世代がこうした柔軟さを持つことが大事ではないでしょうか。

自分が知らないものでも積極的に受け入れようという姿勢（積極的受動性）があれば、異なる世代の人との会話は、もっと楽しくなるはず。

しかし、その意識を欠いたままでは、お互いが世代の壁の前で、「伝わらない」という不満を抱えたまま、ずっと立ち往生することになってしまうでしょう。

第3章

話がうまい人が気をつけている3つのこと

「話がうまい人」の指差し確認

ここまで、「話がうまい」とはどういうことか、「伝わらない」とはどういう状況なのか、という点について解説してきました。本章からは、いよいよ本題です。

話がうまい人は、どんなことを考えながら話しているのか――。

話がうまい人と話すと、「特有の考え方」があるのではないか、と感じることがあります。本人が意識しているかどうかはわかりませんが、話しながらいくつかのルールに従って、気を配りながら話しているように思えます。

私自身もノープランで話し始めることはありません。とくにテレビ番組で時事ネタや社会問題についてコメントするときには、話し始める前に慎重に、しかし、素早く、話の内容を考えます。

何を言うべきか、あるいは何を言うべきでないか。

また、どういった表現を使えば効果的なのかを頭の中で組み立てます。

このように、頭の中で話の方向性を組み立てて、そこからズレないように気をつけながら話せば脱線するようなことはありません。話しながら脳内で「指差し確認」をしていると言えば、イメージが伝わりやすいでしょうか。

では、その「指差し確認」のチェック項目は何なのか？

私は次の3つが重要だと考えています。

・順番
・タイミング
・リスク

「順番」とは、話す順番です。話の組み立てと言ってもいいかもしれません。

同じことを話すにしても、どんな順番で話すかによって、伝わりやすさは大きく変わってきます。順番を間違えたことによって、言いたいことが伝わらなかったり、誤解されたりすることもあるでしょう。そうした事態を避けるために、何をどんな順序で話すかは、あらかじめ考えておきたいものです。

「タイミング」とは、話しかける頃合いのこと。平たく言えば、いつ話すか、です。「それが話し方のうまさと関係するの？」と疑問に思う人がいるかもしれません。

しかし、相手が受け入れる態勢が整っていないときに一方的に話をしても、大事なことは相手の心に届かないでしょう。話し上手な人は、話す内容もさることながら、タイミングにも気を配っているのです。

最後の「リスク」は、聞き手を不快にさせるような話題や表現ではないか、ということ。SNS上で発した不用意な発言が不特定多数の人に非難されることを「炎上する」と言いますが、話すときにも同じことが起こり得るのではないでしょうか。

最近では、企業の然るべき立場にある人が、対外的に発言した内容が物議を醸すことが増えていますが、そうしたリスクがないかどうか、話し上手な人は事前に確認しているのです。

では、３つのポイントについて、それぞれ見ていきましょう。

優先すべきは話の「結論」

まずは、話の順番について。

話がうまい人は、話す前に話題の優先順位を考え、大雑把でもいいので「言いたいこと（結論）」を先に主張します。それが迅速かつ、わかりやすい情報伝達の基本だと心得ているからです。

とくに、現代は誰もが時間に追われていますから、テキパキ話すことが求められます。無駄な時間をカットして、伝えるべきことを確実に伝える。そのためには、当然、重要な情報を絞り込まなければいけません。与えられた時間のなかで「相手に真っ先に知ってほしいことは何か」を考える必要があるのです。

そうした視点で考えれば、何を置いても優先すべきなのは、いちばん言いたいこと、つまり話の「結論」になります。

食レポの第一声の正解は？

とかく日本人は、結論を後回しにしがち。まず、物事の背景から話し始め、経緯を詳しく説明した後で、ようやく結論を口にするのです。

「先日、御社からいただいたご提案ですが、当方としても前向きに検討したいと考えまして、関係各部署と協議のうえ、可能性を探ってきました。懸案となっていたコストの件も、資材を見直せば削減はできるらしいです。そこで改めて会議に諮《はか》ってみたのですが……すみません、時期尚早ということで見合わせることになりました」

やや極端な例ですが、こんなふうに結論をなかなか話さない人は意外と多いのです。周辺の話ばかりしていると、聞き手は「結局、何を言いたいのか」「この話はどこに向かっているのか」と考えながら話を聞くことになり、その結果「わかりにくい」と感じてしまいます。その点、結論が先に提示されれば、聞き手も安心して話に集中できるのです。

「先に結論」の妥当性は、テレビの情報番組などでよく見る「食レポ」を見ても、明らかです。

食レポで番組制作者が視聴者にもっとも伝えたいのは「料理の味」でしょう。どんなレポーターも、料理を食べて開口一番、「おいし〜い」「うまい！」というのはそのためです。

ところが、料理の感想を言わないで、「衣がサクサク」「中に〇〇が入っているんですね」といった周辺情報から話し始める人がいます。また、食べた瞬間に「熱い！」と言う人もいますが、味とは無関係なので、これも無駄なコメントでしょう。これでは、肝心のおいしさが伝わってきません。

見ている側も、「結局、味はどうだったの？」「ひょっとして、あまりおいしくなかったのかな？」というモヤモヤが生まれてしまいます。

私自身、ある番組で「おいしい」と言い損ねたことがあり、後悔しました。製法や素材の情報はあってもいいのですが、それはあくまで補足情報。最初に話すべき内容ではないわけです。

だから、まず「結論は〇〇です」と伝える。そのうえで「それはなぜか」「どんな背景があるのか」「裏付けるデータはあるのか」といった補足情報を述べていく。

「結論→理由／背景／根拠」の順で話をすることで、全体の構造がわかりやすくなり、聞き手にも「わかりやすい」という印象を与えられるのです。

「15秒で伝える」を習慣化する

結論を先に伝える話し方は、話し手にとっても「伝えたいことを確実に話せる」というメリットがあります。

たとえば、面接で「あなたの強みを20秒程度で話してください」と言われて、前置きや前職の職務内容から話し始めたらどうなるでしょうか。

間違いなく結論に行き着く前に「はい、終了！」となるでしょう。これでは与えられた時間を無駄話に費やしたことになってしまいます。

その点、先に自分の長所（＝結論）を話しておけば、制限時間が迫ってきてもあわてる必要はありません。「あとは枝葉の話だから、すべて話せなくても大丈夫」という安心感が精神安定剤のように作用して、余裕を持って話せるようになります。

「面接はあくまでも特別な場面だし、普通は時間制限を設けられることはあまりないのでは？」と思うかもしれませんが、日常会話でも、話し手（あるいは聞き手）が急に呼び出されたり、第三者から割り込まれたりと、話を中断せざるを得ないシチュエーションは意外とよくあります。

「結論から先に話す」は、慣れていない人にとっては難しく感じるかもしれません。

うまくできないと思ったら、日頃からどんな話でも15秒程度で終わらせるように心がけてみてください。

慣れてくれば5秒でも要点くらいは話せるようになるのですが、最初からハードルを上げる必要はないでしょう。

いずれにせよ、「短時間で話し切る」というマイルールを心がけていると、自然と結論を優先して話せるようになるものです。

稚拙な印象を与える「話の後づけ」

話す順番や話題の優先順位を考えないでノープランで話す人によく見られるのが、「あと～、あと～」「～で、～で」「それと～、それと～」といった話題の〝後づけ〟です。思いついたことから話し始め、途中で「そうだ、これも言わなきゃ」と頭に浮かんだことをすべて話そうとするから、「後づけ」が生まれてしまうのでしょう。

マジシャンの口から延々と出てくる万国旗なら楽しいですが、ズルズルと何とも言えない話が続くと聞き手も混乱しますし、何より「聞く意欲」が大きく削がれてしまいます。

小学生くらいの子どもと話していると、なかなか話が途切れません。ひとつの話が終わっても「あとね～」「それとね～」と話題が次から次へ続いていきます。

子どもの話は優先順位も論理性も求められていないのですから、それはそれで微笑ましく感じられますし、むしろ、それが子どもらしさであるとも言えるでしょう。

しかし、大の大人がビジネスの現場で使う後づけは、致命的。

とくに、上司への報告・相談などの場面で発生する「後づけ」は要注意です。

上司が「わかった。じゃあ、よろしく」と答えているのに「それとですね」「もうひとつだけ……」では、いつになっても話が終わりません。

私は仕事柄、新聞や雑誌の取材を受けることがよくあるのですが、ごくまれに終了時間になって話を切り上げようとすると、

「あと、すみません！　これ、いつもみなさんに聞くことになってるんですが……」

と、あわてて追加の話題を持ち出してくる人がいます。

そういうときは苦笑しながらも穏やかに答えるのですが、心の中では「いつも聞くことになってるなら、先に言ってよ」と思うこともあるわけです。

2024年1月に放送された『ゴッドタンSP芸人マジ歌選手権』(テレビ東京系)で、バカリズムさんが新番組の取材を受けたときのことを歌っていました。収録の感想やエピソードを散々しゃべった後に「では、最後に見どころを」と言われるのがキツいという内容の歌でした。もう何も残っていないスカスカの僕という発言で笑ってしまいました。

後づけが与える心理的ダメージ

余談ですが、「後づけ」というと、私は「刑事コロンボ」というアメリカのテレビドラマを思い浮かべます。類《たぐい》まれな推理力を持つコロンボ刑事が、完全犯罪を目論《もくろ》む犯人のトリックやアリバイを崩していくというストーリーが話題となり、日本でも人気のシリーズになりました。

このドラマでは、犯人に執拗に質問を重ねたコロンボ刑事が、帰る際に「そうそう、もうひとつだけ……」と「後づけ」をするシーンが頻繁に出てきます。

そして、この質問は、一見あまり意味のない内容に見せかけて、実は重要な問いであることがほとんどなのです。

「やっと終わった」と気を抜いた犯人に、あえて後づけで核心を突く質問をする。意図的に嫌な質問をすることで、犯人の心理に揺さぶりをかけているのです。

これはドラマの話ですが、実際の会話でこれをやると、相手に相当な心理的ダメージを与えることになるでしょう。こんなところからも、後づけがいかに「危険」なのか、おわかりいただけたのではないでしょうか。

とくに職場での報連相（報告・連絡・相談）では、「後づけ」が発生しないように、話す順番や話題の優先順位を事前に考える習慣をつけておきたいものです。

どんな状況でもまずは「受容」

コミュニケーションの相手と良い関係を築くには、「否定語」と「肯定語」をどう扱うかも重要です。話がうまい人が絶対にしないのは、相手の話を頭から否定すること。否定は会話をシラケさせ、話す意欲を奪う最大のNG行為だからです。

誰かの意見を聞いたときに、開口一番「でも」「いや」「そうじゃない」「違うよ」といった否定語を口にする人がいます。

「この案件はA社に売り込もうかと思うんだ」
「いや、あんな大手、ダメに決まってるでしょ」

「ここのランチ、リーズナブルでおいしいよね」

「でも、〇〇の方がここより断然おいしいよ」
「〇〇さんって仕事デキると思わない？　さすが切れ者と言われるだけあるな」
「違うよ。あの人は単に上司受けがいいだけ」

のっけから何でもかんでも「いや」「違う」と頭ごなしに否定されたら、話はそこで終了。相手はカチンときて、それ以上話す気を失くしてしまうでしょう。第2章で述べた「関係性ができていないと伝わらない」というパターンに陥ってしまいます。「この人の話を聞こう」という回路をシャットアウトされてしまったら、その後でいくら話を続けようとしたところで、聞いてもらうことはできません。

自分ではそのつもりがなくても、「でも」「そうかな？」「違うよ」という言葉が反射的に口を突いて出てしまう人もいますから要注意です。

ただし、「否定しない」というのは、自分の意見を捨てて相手の意見にすべて合わせようということではありません。重要なのはまず「受容」すること。「頭から否定しない」「否定から入らない」ことなのです。

反論がある場合は、相手の意見を真っ向から否定しないで、まずは「イエス（肯定）」から入る。仮に自分とはまったく異なる意見でも、「なるほど」「そうかもしれませんね」「〇〇さんはそう考えているわけですね」といった、肯定とも否定ともとれないようなフレーズで受け止めることが大事なのです。

「最初は肯定、次に自分の意見」という順番を心がけることで、圧倒的に意見が伝わりやすくなるでしょう。

先の例ならば、

「この案件はA社に売り込もうかと思うんだ」

「いいと思う。A社は大手だから厳しそうだけど、チャレンジする価値はあるね」

「ここのランチ、リーズナブルでおいしいよね」

「そうだね。ああそうだ、最近行った○○のランチもけっこう良かったよ」

「○○さんって仕事デキると思わない？　さすが切れ者と言われるだけあるな」

「そうだな。あの人は優秀だから、上司の受けがいいのもわかるよ」


これなら「でも」や「しかし」といった否定語は必要ありません。否定で「対立軸」をつくるのではなく、肯定で「共感」を生み出す。ぜひ、この公式を覚えておいてください。

ダメ出しは「ポジ→ネガ→ポジ」の順で

最終的にネガティブなことを伝えなければいけない状況でも、「まず肯定から入る」という原則は変わりません。

たとえば、職場で部下や後輩を注意するようなシチュエーションもそのひとつです。最初から、

「どうして君は毎回〇〇なの？」

「何年この仕事やってるの？」

と頭ごなしにダメ出しをしてしまうと、相手は萎縮したり、自信をなくしたりして、本来の「こうしてほしい」という思いが伝わりにくくなってしまいます。

とくに最近の風潮では、その気はなくても「パワハラ」と認定されてしまう可能性もあるでしょう。

こうしたケースでも、いきなりダメ出し（否定）から切り出すのではなく、まずはポジティブなことを伝えるという意識が必要です。そうすることで、相手は「ただ、ミスを責められているだけではない」とわかり、こちらの意見を受け入れる姿勢になってくれるのです。

「最近、頑張ってるね。後輩の面倒も見てくれてるんだって？　助かるよ。ひとつだけ、〇〇についてはもう少し△△してくれないか。□□してくれれば流れがスムーズになるから。それ以外はまったく問題ないよ。これまで通り進めてくれれば、この企画もうまくいくんじゃないかな。じゃあね、よろしく」

という具合に、まずはポジティブ要素から入り、その後でネガティブ要素（指導やリクエスト）を伝え、最後は再びポジティブな話で切り上げる。

ポジ↓ネガ↓ポジの法則です。

ポイントは、最後に「ポジティブ」で終わらせているところです。

「ちゃんとやってもらわないと、みんなが困るんだからな」

「これができないようじゃ、社会人失格だよ」

これは最悪の終わり方。

自分が同じように言われたら、気が滅入りますよね。

けれども、「終わり良ければすべて良し」と言われるように、ポジティブ要素で締めくくれば会話全体のイメージもポジティブになります。

ネガティブをポジティブで挟む「サンドウィッチ・スタイル」で伝えることで、指導すべきは指導しつつも、腐らせないで気持ちを切り替えさせることが可能です。

ダメ出しに限らず、伝えにくいことを伝えるときは「ポジ↓ネガ↓ポジ」の順序を意識してみてください。

相手をよく観察する

ポイントの2つ目は「タイミング」です。いくらわかりやすい話し方を心がけても、相手が聞く体勢になっていなければ、伝わるものも伝わりません。

今は「みんなが忙しい時代」です。誰もが常に「やるべきこと」があり、「次の予定」を抱えている。もしかしたら、分刻みで動いている人もいるかもしれません。

そういう状況下では、こちらに伝えたいことがあっても、相手がこちらに耳を傾ける余裕がない、という事態もあり得るでしょう。

ですから、何を話すかという内容以前に、「今、その話を聞いてもらえる時間があるのか？」を確認する必要が出てくるのです。

そこで求められるのは、相手の都合を確認するというプロセスです。

電話をかけたとき、本題に入る前に「今、お時間よろしいでしょうか？」と相手の都合を確認する人は多いと思います。

いきなり話しても、電話では相手がどこで何をしているのか、わからないからです。

相手にとっては急にかかってきた電話であり、そのときに優先すべき用件を抱えていたり、外出する直前だったりと、余裕がない状況のときもあります。

だからこそ、「今、お時間よろしいでしょうか？」の後に「もしご都合が悪いようでしたら、のちほどかけ直しますが」「何分後にかけ直せばよろしいでしょうか？」といった気遣いが大事になるのです。

話がうまい人は、電話だけでなく対面のときも「相手の都合」を意識しています。

それは、相手に配慮するのと同時に「こちらの話をちゃんと聞いてもらうタイミングを図る」ことにもつながります。

空気を読まずにいきなり話しかけてしまえば、じっくり聞いてもらえないばかりか、ときには断片的に伝わって誤解を招くおそれもあります。

相手がこちらの話に集中して耳を傾けられるときを見極めて話す。言い換えれば「話のアポイント」を取ってから話す。そうした意識を持つことは、確実に伝えるための基本マナーなのです。

宣言した時間で話を終わらせる

では、相手の都合を尋ねるときに、どのように言えば話を聞いてもらえるのか、考えてみましょう。

先の電話の例で挙げた「今、お時間よろしいですか?」が悪いわけではないのですが、この聞き方ではザックリしすぎていて「どれくらいの時間で済むのか」がわかりません。質問された方も「話を聞いてもいいけど、そんなに時間があるわけじゃない」という場合、返答がしづらくなります。

「今、少しいいですか？」という聞き方も同様です。人によって時間の感覚は異なりますから、自分の「少し」が相手の「少し」と同じであるとは限りません。

そこでおすすめするのが「1分だけいいですか？」という聞き方です。

1分という短い時間で終わる用件だとわかれば、相手も耳を傾けてくれるでしょう。これが「5分」になると、誰でも受け入れてくれるとは限りません。こちらは短い時間だと感じていても、相手によっては「長い」と感じることもあるからです。

そして、いちばん大事なのが、「1分だけいいですか？」と聞いて相手が承諾してくれたら、その話をきっちり「1分」で収めることです。とくにビジネスなど、忙しい相手に話しかけるときは、この意識が重要になるでしょう。

「お忙しいところ、すみません。1分だけ、お時間をいただいてもよろしいでしょうか？」

と声をかけてみる。承諾が得られたら、時計の秒針を確認しながら用件を話す。

そして、時間がきたら「どうもありがとうございました」と切り上げるのです。

すると、相手はどう感じるか？

「この人は私の時間を奪わない人だ」「信用できる」と思うわけです。

ところが、「1分だけよろしいでしょうか？」と声をかけたのに、5分過ぎても延々と話し続けていたとしたらどうでしょう。これでは信用されないですよね。

悪い言い方をすれば、時間の〝ボッタクリ〟と言われても仕方がない。

実際、ビジネスの現場では、こうした時間のボッタクリ行為がよく発生します。

だからこそ「1分で……」と声をかけたら、きっちり1分で切り上げる。

「本当に1分だったね」と感心されるくらいの「時間の明朗会計」を心がけるのです。

ここでのポイントは時間そのものではなく、宣言した通りの時間で話を切り上げること。だから、「1分で話をまとめるなんて絶対に無理だ」と思えば、3分にアレンジしても構いません。要するに「有言実行」で、時間通りに話を終わらせればいいのです。

急用を伝えるときは「5秒カットイン」

話しかけるときには、相手の都合を最優先すべきだと書きました。

しかし、そうは言っても、今、このタイミングでどうしても伝えておかなければならない、というシチュエーションもあるでしょう。

外出する直前に、どうしても上司に報告しておきたい用件がある。

しかし、上司はお客さんと会話中なので割り込めない。声をかけづらいけれど、伝えないわけにはいかない……。

そんなときは、相手の会話に「カットイン」するのもやむを得ないでしょう。

ただ、深く考えることなく割って入るのは、考えもの。場の空気に水を差すばかりでなく、置き去りになった人が宙ぶらりんの状態で孤立してしまうからです。

そんなときに効果を発揮するのが「アイコンタクト」です。まず用件を伝えたい相手（この場合は上司）が顔を向けている先に回り込んで視界に入り、少しだけ目を合わせます。

すると相手は一瞬、こちらの存在に気づくでしょう。そのタイミングを狙って「失礼します。少しよろしいでしょうか？」とカットインします。

「すみません、例の件、◯◯だけ気をつけてください。では失礼します」

「ごめんなさい！　××ですけど明日が締め切りですから。よろしくお願いします」

などと小声で素早く用件を伝えたら、頭を下げてその場を去る。

時間にして3～5秒もあれば十分でしょう。これだけでもお互いに「伝えた」「伝わった」という意思疎通を図ることができます。5秒というのは、カットインしても元の会話の流れを妨げず、すぐにまた元に戻れるくらいの時間なのです。

ただし、このときも、事前に伝えるべきことを「5秒」でまとめておかなければばいけません。首尾よくカットインできても、「えーっと、別にメールでお伝えしてもよかったんですけどね……」「やっぱり、今日のうちにお伝えしておいた方がいいかなと思いまして……」などと余計なことを言っていたら、相手をイライラさせるばかりか、単に空気が読めない人だと思われるだけでしょう。

事前準備をしたうえで、まずはアイコンタクト。目が合った瞬間に「よろしいでしょうか？」とカットインして5秒で用件を話す。この「5秒カットイン」を身につければ、どんなに話しかけづらい状況でも、タイミングを合わせることができるのです。

人の話にうまく割り込むコツ

生放送のテレビ番組に出演していると、他の出演者の方がずっと話し続けているというケースに遭遇します。その人の話を断ち切って強引に割り込むようなことはできませんが、かといって言葉を発するタイミングを逸してしまうと、話すチャンスはもう巡ってこないかもしれません。

こういうケースで活用できるテクニックがあります。

人は話している間ずっと息を吐いているため、長く話していれば、必ずどこかのタイミングで息継ぎをします。その瞬間の「無言の時間」を捉えて話に入っていくのです。これなら相手の話も途切れているので、話の流れを強引に止めることにはなりません。

そのためには、すぐに反応できるようにこちらも呼吸を整えておく必要があります。相手の話が途切れるのは一瞬なので、途切れてから準備するのでは間に合いません。まず、こちらが先に息を吸って話し始める体勢をつくっておき、相手の話が途切れたタイミングで間髪を容れずに話し始めるのです。

相手の言葉が終わるか終わらないか、相手の言葉尻にこちらの発言が重なるくらいのタイミングで話に入っていくのがベストでしょう。

ただ、あまり発言が早すぎると相手の話の腰を折ってしまいますし、逆に遅すぎるといつまで経っても話に入れません。ベストなタイミング（間）をつかむには、やはり、相手の呼吸を観察することが不可欠なのです。

クルマを運転する方ならわかっていただけると思うのですが、交差点で右折しようとするときは、直進してくるクルマを完全にやり過ごそうとすると、後続の直進車が次々に来るため、なかなか曲がれません。直進車が通り過ぎるタイミングで発進するくらいの方が、確実に、安全に曲がることができます。

それと似たイメージだと思っていただければ、わかりやすいと思います。

相手の呼吸に注意を払いながら、頃合いを計って巧みに声を出す機会をつかむ。

話がうまい人は、総じてこのタイミングをよく見ています。だから「聞いているばかりで何も話せなかった」ということがありません。

どんなに相手の話が長くても自然に話に入っていくことができるため、発言する機会をしっかりと確保できるのです。

政治家・経営者の「そんなつもりじゃなかった！」発言

最後は「リスク」です。

近年、ＬＧＢＴＱなど少数派に対する差別や、各種ハラスメントに対して厳しい目が向けられるようになりました。何気なく口にしたことが〝問題発言〟としてクローズアップされる例も増えてきています。

発言した本人は、「そんなつもりじゃなかった！」と、予想外の反応にあわてているかもしれません。しかし、社会的には、たとえ軽い気持ちで発した言葉でも「アウト！」という風潮になっています。そうならないように、話がうまい人はＯＫとＮＧの境目を慎重に見極めて「落とし穴」を避けながら進んでいるのです。

「そんなつもりじゃなかった」という発言は、政治家のコメントや企業の記者会見など公の場でも散見されます。つい発したひと言（本音？）がＳＮＳで拡散され、大炎上した例も少なくありません。

たとえば２０２３年９月、内閣改造後の記者会見で岸田文雄首相が「女性ならではの感性や共感力も十分発揮していただきながら、仕事をしていただくことを期待したい」と発言したことに、批判や苦情が殺到しました。

女性閣僚を過去最多に並ぶ５人登用したことを受けての発言であり、首相は後で「政策の決定には多様性の確保が重要」という意味で言ったものと釈明しています。

要するに「そんなつもりじゃなかった！」のだと。

たしかに悪気はなかったのでしょう。むしろ「良かれ」と思って言ったのかもしれません。

しかし、今や「女性らしく」「女性ならでは」という表現そのものが、すでにジェンダー平等に対する意識の欠如だと捉えられる時代。

世の中の成熟度と話し手の古い感覚のズレが場違いな発言を生み、大きな誤解を招いてしまったわけです。

企業に目を向けても、「そんなつもりじゃなかった！」発言は続いています。

2022年には牛丼チェーン・吉野家の役員による不適切発言が話題になりました。

この役員は、大学の社会人向け講座で、若い女性向けマーケティング戦略を説明する際に「田舎から出てきた右も左もわからない女の子を無垢・生娘のうちに牛丼中毒にする」などと発言して大炎上し、役員職を解任されています。

2023年、保険金不正請求が発覚した中古車販売・買取大手のビッグモーターの謝罪会見で、社長の発言が炎上したことも記憶に新しいところです。

とくにゴルフボールを使って損傷範囲を広げたという不正行為について、「ゴルフを愛する人への冒瀆《ぼうとく》だった」という社長の発言が批判を浴びました。

「謝罪の対象はそっちじゃないでしょ！」ということです。

もしかしたら、大のゴルフ好きだった社長が悪気もなく発した言葉だったのかもしれません。先の吉野家の役員にしても、本人に女性蔑視の意識はなく、冗談のつもりで言ったのかもしれません（だとしても、品の良い冗談とは思えませんが）。

そうであっても、言い訳が通用しないのが今の社会です。

こうした不用意で浅はかな発言は、瞬時にして個人や組織の信頼を失墜させ、価値を下落させるリスクを内包していることを忘れてはいけないのです。

「カレーでいい」から始まる夫婦ゲンカ

不用意な発言で立場が悪くなるのは、政治家や経営者だけではありません。

一般の人でも、深く考えないひと言が思わぬ誤解を招くこともあるでしょう。

「言いたいのはそういうことじゃなくて」

「良かれと思って言ったのに……」

「そんなふうにとられるとは思わなかった」

あわてて弁解しても後の祭りです。

私たちが気をつけなければいけないのは、このように、本当はAという意味で発言したことが、聞き手にはBとして伝わってしまうことではないでしょうか。

こちらの真意が伝わらずに誤解が生まれ、その結果、聞き手を怒らせたり、傷つけたりしてしまう。「他意のない言葉」が原因で人間関係がギクシャクしてしまうのは避けなければいけません。誤解を招く話し方は「意味がわからない」以上に大きなリスクがあるのです。

話がうまい人は、こうしたリスクをうまく見極めて、失言をしないように心がけています。ただし、その見極めは簡単ではありません。

たとえば、こんなやりとりを聞いたらどう思いますか？

「Yさんって超マジメだよねぇ。課長もほめてたよ」

「ハァ？　そういう言い方するの、やめてもらえますか？」

率先して雑用を引き受けるYさんに、「さすがだな」と感心する気持ちを伝えたかったのに、なぜか怒られてしまいました。

「超マジメ」「課長がほめている」という表現を使ったことで、Aさんには、いい人ぶっている、上の人に媚《こ》びているという嫌味のニュアンスで伝わってしまったのです。

たった「一文字」の違いが夫婦ゲンカに発展することもあります。

夕食のメニューを相談された夫が「カレーでいいよ」と言ったところ、そのひと言が妻を激怒させました。

みなさんはこのフレーズのどこが妻の逆鱗にふれたのか、おわかりでしょうか。

ポイントは「カレーでいい」の「で」という助詞にあります。

夫の「カレーでいい」は「悩むのも大変だろうし、手の込んだ料理をつくらせるのも申し訳ない。手間や時間のかかるものをリクエストするつもりはないし、カレーあたりなら負担も少ないのでは？」という気遣いから出たフレーズでしょう。

ところが、それを聞いた妻は怒り心頭です。

「カレー『で』いい？　カレーが一瞬でできると思ってるの？　とんでもない！　材料は重いし、野菜の皮をむいて切って炒めて煮込む。手間も時間もかかるんだから。カレーはあなたが思っているほど簡単じゃないのよ。それを『でいい』って、どういうこと？　信じられない。もう二度とつくらない！」

夫は「良かれと思って」言ったのに、その真意は伝わりませんでした。

それどころか、かえって妻の神経を逆なでしてしまったのです。

みなさんの周囲でも似たようなケースがあるのではないでしょうか。これもまた「そんなつもりじゃなかった」が引き起こした悲劇だと言えるでしょう。

今、夫婦の会話を例として挙げましたが、「ここでの夫と妻のあり方が、古い男女の役割分担を固定化するもの」という批判もあり得るでしょう。時代は刻一刻と変化しています。

ハラスメントは言われた側が判定する

誤解を招くような不用意な発言は、想像以上に大きな〝しっぺ返し〟をくらいます。

なかでもとくに万人が気をつけなければならないのは、セクハラやパワハラに代表される「ハラスメント発言」でしょう。

世の中でこれだけ問題になっているにもかかわらず、

「どう、彼氏とうまくいってる？」

「今日は化粧の乗りが良くないんじゃない？」

「女性なのに気が利かないなあ」

などとセクハラワードを口走って、総スカンを食らう人はいまだに存在します。

また、今の時代は相手を奮起させるつもりで言った「このレベルのままだと、この先キツいよ」という発言も、職場ならパワハラ、学校や研究機関ならアカハラ（アカデミックハラスメント）になる可能性が高くなります。

親しみを込めたつもりの軽口がセクハラに、叱咤激励のつもりの言葉がパワハラになるケースは決して珍しくありません。

明確な意志を持ってハラスメントに及ぶ人は論外ですが、実際には「うっかり」や「これくらいなら許されるだろう」という認識がハラスメントを引き起こしているケースが大半ではないでしょうか。

「そんなつもりじゃなかった」というフレーズは、ハラスメントを指摘された人の常套句だと言われています。それだけ自分の発言がハラスメントだったという自覚がなく、気づかないうちに「加害者」になっているのでしょう。

悪気のない発言がハラスメントになってしまう原因に、言った側と言われた側で、ハラスメントかどうかの受け取り方が違うという点が挙げられます。

つまり、言われた人が「ハラスメントだ」と受け止めたら、発言した人にそのつもりがなくてもハラスメントになる、ということ。

ハラスメントか否かを判断するのは、自分ではなく「相手（聞き手）」だということを、普段から理解しておくべきです。ひとたび「あの人はハラスメント発言をする人だ」とみなされると、一気に信頼が損なわれ、職場での立場さえ危うくなりかねないのですから。

下ネタがウケない時代

もうひとつ、とくに40～50代の男性に気をつけてほしいのが「下ネタ」です。

今の世の中、もはや下ネタでは笑いがとれないと心得るべきでしょう。

それはお笑い番組を見ていてもわかります。放送コードの問題もありますが、そもそも下ネタで笑いをとろうという芸人さんが減っていることは明らかです。会場が盛り上がるどころか、冷え切っていくことをよくわかっているのでしょう。

かつての人気番組「8時だよ、全員集合！」で、ストリッパーになりきったカトちゃん（加藤茶）が妖艶なＢＧＭに合わせて「ちょっとだけよ」と言うギャグがありました。

でも、今、同じことをすれば、一発アウト。

そういう時代だということを忘れてはいけません。

私もいろいろなテレビ番組に出演して、下ネタで勝負をかけて撃沈した芸人さんをたくさん見てきました。よほど話術に自信がない限り、下ネタは自制した方がいい。プロの芸人さんですらそうなのですから、いわんや一般人においてをや、です。

ネットニュースのコメント欄に見る時代の空気

「そんなつもりじゃなかった」発言は、なぜ生まれるのか？

原因は、やはり世間一般の認識との「ズレ」でしょう。

社会の空気や世の中の風潮に敏感になっていれば、普段の会話でも、あまりに的外れなことを口にすることはないと思います。

そのバランス感覚を養うためにぜひ役立てたいのが、インターネットのニュースサイトにある「コメント欄」です。

私はＹａｈｏｏニュースの「コメント欄ウォッチャー」を自認しています。

もちろん、毎日のニュースや時事ネタも見るのですが、同時に、投稿されているコメントも必ずチェックし、毎日何百件もの書き込みに目を通しています。

なぜなら、「コメント欄」を眺めることで、世の中の風向きや空気感を知ることができるからです。もはや「ネット民＝限られた一部の人」というのは昔の考え方。現代は、ネットの声こそが世の中の風潮を形成する巨大勢力になっています。

「この話題について、世の中の人はこんな見方をしているんだ」

「メディアでこんな発言をすると、ここまで炎上するのか」

「今はこんな解釈が主流になっているんだ」

コメント欄を手繰《たぐ》っていくと、そのニュースや出来事に対する世の中の関心度や考え方の大きな傾向が見えてきます。

自分が肯定的に見ていた出来事に対して、コメント欄の大多数が否定的だったときには、自分の感覚と世間の感じ方とのズレに気づかされることもあります。

芸能人の不祥事を報じる記事の場合、コメント欄を見ると、「許せない」「もうテレビで見たくない」「ドン引きだ」など圧倒的多数の批判の声で占められているとします。そこで「そんなに目くじらを立てなくても」などと思うようなら、その発想や価値観は世間と大きくズレている、ということ。

実際に、擁護的なコメントが「感覚が昭和すぎる」「時代錯誤も甚だしい」などと他の人たちから叩かれることもあります。

コメント欄を読んで自分の感覚が世間のそれとズレていることがわかれば、「慎重に発言しよう」と思えるでしょう。

もっとも、ここで重要なのは「空気感をつかむ」ということで、社会の大勢に流されろと言いたいわけではありません。主流派が常に正しいわけでもないからです。

一般的な反応がわかれば、自分が発言する際にも予防線を張ることができるでしょう。コメント欄には、「世間」の空気が可視化されているのです。

「言ったらどうなるか」を想像する

今の時代、コミュニケーションにおいて求められているのは「安全に話すスキル」なのではないか。私はそう考えています。そのスキルがある人は信頼され、ない人は言いたいことが伝わらないばかりか、信頼を失ってしまう。

安全な会話をするために大事なのは、話す前に一度立ち止まって、冷静に「言い方」「言葉遣い」「表現」を点検する習慣をつけること。言い方を変えるなら、「今、この場でこれを言ったらどうなるか」という想像力を働かせることです。

とくに「笑わせるつもりのジョーク」「良かれと思っての苦言・批判」といった「つもり系」「良かれと思って系」の発言は、この想像力の発動が欠かせません。

結婚式のスピーチで調子に乗り、冗談のつもりで新郎・新婦の過去の「異性関係」を披露して周囲をドン引きさせるような人がいまだにいます。想像力を伴わない発言は、非常識という評価に直結すると心得るべきでしょう。

幼い子どもは「これを言ったらどうなるか」を想像しません。そこには、誰もが言うことを遠慮している本質的な意見をズバリ言ってしまう「良さ」もあります。童話「裸の王様」で「王様は裸だ!」と叫んだのも、子どもでした。

でも、それは子どもだから許されること。いい歳をした大人がそれをやったら、周りはシラケるだけです。

話すという行為は、「スピードが出やすいクルマ」に乗っているようなものだと考えるといいかもしれません。最初から「このクルマはスピードが出やすい」と思っていれば、自ずと運転も慎重になります。やみくもにアクセルを踏むこともないでしょう。

とはいえ、意識しすぎると何も言えなくなりますから、そこがコミュニケーションの難しいところでもあります。

クルマは少しでもアクセルを踏まなければ動きませんが、炎上リスクを警戒するあまり、会話そのものに臆病になってしまうのも、それはそれで本末転倒でしょう。

だからこそ「早めのブレーキ」という意識を持ちつつ、少しずつ様子を見ながらスピードを出していくといった安全運転が求められるのです。

クルマの免許を持っている人なら、教習所で「かもしれない運転」という言葉を聞いたかもしれません。ドライバーは、運転中に「歩行者が横断するかもしれない」「自転車やバイクが飛び出してくるかもしれない」「歩行者がクルマの存在に気づいていないかもしれない」といった危険予測の意識を持ちましょう、というものです。

これについては、私にも苦い経験があります。かつて自転車に乗っていて事故に遭ったことがありました。突然、脇道からクルマが出てきたため、急ブレーキをかけたのですが、そのままぶつかってしまったのです。

事故そのものは大したこともなく済みましたが、肝を冷やしました。

それ以来、「絶対に大丈夫」ということはないと考えるようになりました。運転するときは「必ず飛び出してくる」くらいの前提で、危険予測を心がけるようになったのです。

「これを言ったらどうなるか」を想像して話すこともまた、会話における「かもしれない運転」だと言えるでしょう。

『論語』に「一隅を挙げて、三隅を以て反《かえ》らざれば、則ち復せざるなり」という言葉があります。「物事の一部（ひとつの隅）を教えたときに、他の3つの隅のことを自分で考えるようでなければ、再び教えることはしない」という意味です。

テーブルのひとつの角を見たときに、「ならば、残りの3つの角はどうだろうか」と想像することが重要な学びの姿勢だということ。

ポイントは想像力です。

「これを言ったら笑いがとれるだろう」と考える。

でも、それは私だけの考えにすぎない。では、他の人たちはどう思うだろう――。

常にこんな想像をすることで、会話の〝事故〟を防ぐことができるのです。

「大丈夫かな」は口にしない

ひと昔前なら何の問題にもならずにスルーされていた言葉でも、時代が変われば捉え方が変わり、「炎上」という名の批判にさらされる。

今の世の中、問題視される言葉の基準が変わるサイクルは、年々短くなっています。

去年は大目に見られていた表現も今年はアウトになる。それくらい、サイクルは短くなり、基準も厳しくなっています。そう考えると、どんな人であれ、常に自分の発言が批判を受けるリスクを抱えていると言えるのではないでしょうか。

だからこそ、発言後の反応を想像して話すことが重要なのです。

想像力を働かせて危険を予測するのは、信号を確認してから道を渡る行動にも通じるものがあります。つまり、自分の発言が何色の信号なのかを考えてみましょう、ということです。

「言ったらアウト（赤信号）」ならば、もちろん「言わない（止まれ）」が正解ですが、問題は「大丈夫かな（黄信号）」の場合です。

道路の信号なら黄色は「注意して渡れ」ですが、会話に置き換えると、「大丈夫かな（黄色）」は「言わない」と心得るべきでしょう。そうすれば、「なんであんなこと言っちゃったんだろう」「言わなきゃ良かった」という後悔をしなくて済みます。

その場で言わなかった（言えなかった）ことは、後で伝えることもできるでしょう。

しかし、一度言ってしまったら、取り返しがつきません。だからこそ「疑わしきは口にせず」という意識が必要なのです。

本音を言えばいいわけじゃない

「黄信号」に該当し、トラブルを招きやすい発言のひとつが「本音」です。

本音の何がいけないのか？

思っていることを言わないで黙っている方が不誠実ではないのか？

その気持ちも理解できます。しかし、その本音はあくまでもその人の個人的な見解にすぎず、絶対の真理ではありません。

もちろん「自分はこう考える」と主張することは自由です。

しかし、それをそのまま口にすることは、リスクを伴うことになるかもしれません。

本音というものは、むやみやたらと口に出さない方がいい。その方が「安全な会話」ができると考えた方がいいでしょう。

本音を言いたいときは、そのままではなくオブラートに包んで伝える。そうすれば、言葉のクッションが効いて、相手を傷つけずに済みます。

ストレートではなく、スマートに意見を伝えられるセンスもまた、「話のうまさ」なのです。

第4章

「うまく話す」ための鉄板スキル

「15秒」でコンパクトに話す

前章では、「話がうまい人は日頃どんなことに気をつけているのか?」という点について、3つのポイントを挙げました。本章では、さらに踏み込んで、うまく話すための具体的なスキルについてふれていきます。

相手(聞き手)の限りある時間を無駄にしないように、手短に、わかりやすく伝える——。これが現代社会における「話のうまさ」であることは、すでに述べました。

では、「〝手短〟ってどれくらいの時間なの?」という疑問も出てくるでしょう。

私は、前章でもふれたように「15秒」を基準にしています。

時間の感覚は人それぞれですが、それでもひとつの話題を15秒以内にまとめれば、「長い」と感じられることはないでしょう。

聞き手の集中力が低下する前に伝えきろうと思うなら、「15秒」は決して無視できない時間なのです。

15秒で話せ――こう言うと、みなさん、「そんなに短い時間じゃ話せません」「アッという間に終わっちゃいますよ」と頭を抱えます。

でも、そんなことはありません。

話せないのは時間が足りないのではなく、単にその「サイズ」の話し方ができていないからなのです。

ほとんどの人は、「〇秒で説明してください」というように、制限時間内に話す練習をしないまま社会人になってしまったのではないでしょうか。

だから、「15秒」と聞いた瞬間、無理だと思うのでしょう。

しかし、コツさえわかれば、どんな人でも15秒で話をまとめることができます。

「15秒」は伝わる話の最小単位。この意識を持てば、30秒なら「15秒×２」、１分間のスピーチなら「15秒×４」と考えることができます。

私は、大学の授業でも、学生たちに「15秒コメント」の場を設けています。

4人1組になってストップウォッチで時間を計りながら「最近ハマっていること」「気になっている出来事」「おすすめの本」などのテーマで、ひとり15秒ずつ話してもらうのです。

最初のうちは、前置きや意味のないことを言っているうちにタイムアップになるケースも多く、4人全員が「尻切れトンボ」で終わるグループも少なくありません。

ところが回数を重ねるうちに慣れてくるのか、コツをつかむと一気にスキルが上達します。内容を端的に伝えるだけでなく、声のトーンを微妙に変えたり、ジェスチャーを加えたり、笑えるネタを挟んだりと、こちらが驚くほどの上達ぶりです。

コツさえわかれば、15秒でほとんどのことは話せるし、相当量の情報を伝えることができるのです。

最優先で伝えるのは話の「結論」

「15秒」は絶妙な時間です。

ある程度のことは伝えられるが、十分な余裕があるわけではない。そんな時間です。

試しに15秒で話を収めようとすると、「あること」に気づくでしょう。

そうです、「余計なことを話している時間はない」のです。だからこそ、重要な情報だけに絞らなければ、すぐにタイムアップになってしまいます。話がうまい人とは、短い時間のなかで話題に「優先順位」をつけられる人なのです。

では、優先順位が高いこととは何でしょうか。

それは、言うまでもなく、結論です。結論こそ、いちばん主張したいことであり、その話のゴールだと考えてください。

たとえば、レストランに予約の電話をしたとしましょう。

「今日の18時から2人で入れますか？」と聞いて、「コースの予約、お席のみの予約、どちらですか」「当店のご利用は初めてですか」などと確認された挙句、最後に「本日、その時間は満席です」と断られたとしたら……。

誰もが「最初にそう言ってよ！」となるでしょう。これは優先順位が完全に間違っている例ですが、日常会話でも、先に共有されるべき情報がなかなか出てこないという例は意外と多いものです。

ストップウォッチで時間感覚を磨く

15秒という時間感覚を体に覚えさせるために便利なツールがあります。

それは「ストップウォッチ」。

この話をすると、「スマホのタイマー機能を使ってもいいですか」と言う方がいらっしゃいます。

でも、私はあえて「ストップウォッチ」を使うことをおすすめしています。なぜなら、スマホと違って、ストップウォッチは「時間を計る」という機能に特化しているからです。単機能であるがゆえに、「時間を計る」という意識が強くなり、時間に対する感度が高くなります。大げさに言えば、時間を守る覚悟が生まれるのです。

私はもう30年以上ストップウォッチを持ち歩く生活を続けてきました。普段はバッグにしまっていますが、授業や取材、講演などテキパキとした会話が求められるシチュエーションでは、ストップウォッチのボタンを押してから話すのが習慣になっています。

時間制限があるときはもちろん、そうでないときもストップウォッチは手放せません。なぜなら、時間の経過を意識することで、ひとつの話題が間延びしていないか、説明がクドくないかなど、自分の話をコントロールできるからです。

ストップウォッチは、スマホのように「いじっている」と勘違いされないのもメリットのひとつです。

ですから、手短に話すトレーニングをしたいと思ったら、まずはストップウォッチを使ってみてください。高価なものは必要ありません。100円ショップで購入できるような安価なもので十分。マイ・ストップウォッチを持つことは、「話の達人」になるための第一歩なのです。

話がうまい人の共通スキル——要約力

「話がうまい」と言われる人の多くに共通していること。

それは「要約がうまい」ということです。

会話における「要約力」とは、伝えたいことを簡潔にまとめる能力です。

とくに時間に制約がある場面では、いかに要点だけを的確に伝えられるかが、相手の理解度を左右します。

ダラダラと長い話を聞いていると、何が大事で何が枝葉なのかわからなくなります。これは、トピックの重要性や優先度がゴッチャになっていて、すべてが同じ比重で語られていることが原因でしょう。

要約力のある人は、どんなに長いストーリーを聞いても、情報の選り分けができるため、不要な部分を大胆に捨てることができます。話そのものがダイジェストになっているので、聞いている方としては、安心して耳を傾けることができるのです。

しかし、要約力がない人の話は、必要なものとそうでないものが混ざっているため、聞き手がひとつずつ選別していかなければいけません。それは大変な手間なのです。

「意味の含有率」を意識する

では、要約力をつけるためには、どんなことを意識すればいいのでしょう？

まずは、「意味の含有率」の意識を持つことです。

「意味の含有率」とは私がつくった概念ですが、「一定時間の話の中にどれだけ意味のあることが語られているか」ということ。「単位時間あたりの意味の量」とも言えます。

全編が大事な話であれば、その話の意味の含有率は100パーセント、半分くらいが意味のないことであれば、50パーセントです。ですから、どうでもいいことを話せば話すほど、意味の含有率は低下していきます。

そして、当然、話が短ければ短いほど意味の低下度合いも下がります。

たとえば「30分の内容を5分に要約したスピーチ」は、意味の含有率が非常に高く、密度が濃い話であることが多いでしょう。

逆に「5分で済む内容を30分かけて話すスピーチ」は意味の含有率が低く、時間ばかりが長くて得るものがほとんどない。しかもダラダラと冗長になるため、わかりにくい話になりがちです。これでおもしろい場合は一種の話芸と言えますが、一般の方には難しい技術です。

意味の含有率はあくまで感覚的なものなので、厳密な数値が算出できるものではありません。しかし、普段の会話の中でも「意味の含有率」という考え方を意識しながら話すことは非常に重要だと私は考えています。

聞き手にしても、意味の含有率が低い（内容が希薄な）話では「聞こう」という気が失せますが、意味の含有率が高い（密度の濃い）話なら身を乗り出すように「聞きたい」と思うでしょう。

要約力とは、伝えるべきことはもれなく抽出し、無駄な要素はできるだけ排除して、話の中の「意味の含有率」を高めていくスキルでもあるのです。

話のポイントを３つに絞る

わかりやすく話すためのコツ——それは、最初に「結論」を言うことでした。

ただ先に結論を伝えることはできても、その後に続く話題（関連情報や補足情報など）がダラダラ、グダグダでは、せっかく最初に伝えた結論もぼやけてしまいます。

「結論は〇〇です」の後をわかりやすくまとめるにはどうすればいいのか。

そこでおすすめしたいのは、話のポイントを「３つ」に絞り込むことです。

「結論は〇〇です。理由は次に挙げる３つ、すなわち△△、◇◇、◎◎です」

こうした話し方をすれば、必要な情報が「箇条書き」で整理されるため、聞き手の頭にインプットされやすくなります。

大事なのは、どんな話題でも、とにかく３つにまとめることです。

私たちの身のまわりを見ても、アスリートの「心技体」、ビジネスの「報連相」、ランク付けの「松竹梅」、メダルの「金銀銅」など、３つがセットになっていることで覚えやすいものがたくさんあります。

１や２だと物足りないし、４以上になると多すぎて覚えきれない。

３というのはバランスが良く、記憶にも残りやすい。だからこそ、説得力のある数字だとされているのです。

ですから、要点を絞り込むときには、３つに絞ることを意識してみてください。

３つに絞ると決めてしまえば、「何を残して、何を切り捨てるか」に迷っても、思い切った決断をしやすくなります。そのうえでより詳しい内容やさらなる情報を求められるときは、後で補足すればいいのです。

さらに「最大の理由は△△で、次が◇◇、３番目が☆☆です」のように絞り込んだポイントに優先順位をつける。また、２つは重要なポイントで、残るひとつは少し視点が違うユニークな情報というようにメリハリをつける。こうした工夫も有効です。

３つのポイントをただ並列するだけでなく、お互いの関係性を提示することができれば、より印象に残る話になるでしょう。

要約力を鍛えるトレーニング①――ニュースの１分間要約

時間の制約があるなかで、「意味の含有率」を高めながら話す。これは大変な作業のように見えるかもしれませんが、実はそれほど難しいことではありません。

ここからは、要約力を鍛えるために有効なトレーニングをいくつか紹介しましょう。

最初のトレーニングは、ニュースの1分間要約です。これは私が大学の授業やビジネスパーソン向けセミナーなどでご紹介している方法で、読んで字の如く、インターネットや新聞のニュース記事を1分間でまとめて話すというものです。

具体的には、記事の内容から「結論（＝もっとも伝えたいこと）」と「結論を支える3つのポイント」を抽出し、1分間という制限時間内で説明します。

伝えるのは記事に掲載されている情報のみ。自分の意見を交える必要はありません。

結論と各ポイントに費やせる時間はそれぞれ15秒とします。

最初に結論（見出し的な部分）を15秒で述べ、続いて3つのポイントを各15秒にまとめれば、約1分間で話せる計算になります。このトレーニングを積み重ねることでニュースの必要最小限の情報を1分間でコンパクトに要約する力が鍛えられるのです。

要約する題材はニュース記事に限りません。

本や映画の感想、仕事やプライベートでの体験談などを誰かに1分間で伝えてみるのも効果的なトレーニングになります。

「『○○』ってサスペンス映画、おすすめだよ。俳優の演技がすごいの。まず、主演の○○の抑えた演技が素晴らしいんだよね。悪役の△△もすごみがあって良かった。脇役の□□も良い味を出していて――」

題材がどんなものでも、「結論＋3つのポイント」を意識する習慣を身につけるだけで、要約力が自然に鍛えられていきます。

要約力を鍛えるトレーニング②――ニュース記事の〝ジェンガ〟

2つめは、ニュース記事の〝ジェンガ〟トレーニングです。

こちらもネットや新聞のニュース記事を使うのですが、単純な要約ではありません。記事の中の要らない部分を徹底的に削り、コンパクトにするというものです。削除のみで作成するので、要約というよりは「縮約」です。

不要な箇所をカットする作業は〝外科手術〟をイメージしていただくといいかもしれません。ニュースの核心を伝えるために、その文章が必要か否かを見極め、不要であればバッサリと落とします。私の感覚では、全体の8割くらいはカットしても支障ありません。

「そんなに削ったら意味がわからなくなるのでは？」と思うかもしれませんが、大胆に削った方がかえってわかりやすくなったというケースは意外と多いのです。

この取捨選択はまるで〝ジェンガ〟のようです。

ジェンガとは、細い木製のパーツを積み上げたタワーを参加者が囲み、順番に1本ずつ抜いていって、倒したら負けというゲームのこと。

パーツが抜けていくと、タワーは次第にスカスカになっていきます。

ところが、「もうムリだ！」と思っても、簡単には崩れません。

全体を支えるために必要な「最低限のパーツ」を抜かなければ、多少揺れながらも、タワーはしっかりと持ちこたえるのです。

文章に関しても、同じことが言えるでしょう。一見、緻密に構成されているように見える文章も、不要なパーツであれば、抜き取ったところで意味が通じなくなることはありません。

逆に、骨格となる大事なパーツを取り除いてしまうと、いくら他の言葉が豊富にあっても、何が言いたいのかわからない文章になってしまいます。

このトレーニングは、「捨てられるパーツ」と「捨ててはいけない（意味がわからなくなる）パーツ」を見極めて、核心が伝わるギリギリまでメッセージをスリム化する練習なのです。

このトレーニングを行うときは、元になる記事に自分の言葉を付け加えるのではなく、「削る」ことを意識してみてください。

何度かこなせば、抜いてはいけない「パーツ」がすぐにわかるようになるでしょう。

要約力を鍛えるトレーニング③——15秒近況報告

要約力をつける実践的なトレーニングを、もうひとつご紹介しましょう。

それは「近況報告」です。

「この連休は○○をした」

「週末に○○に行ってきた」

「今、○○の仕事をしている」

このような、自分に関する最新情報を伝えるのが近況報告ですが、なぜそれが話し方の訓練になるのでしょうか？

久しぶりに会った家族や友人、休み明けに顔を合わせた同僚と近況を報告し合うという状況はよくあることでしょう。

近況報告とはいえ、会話である点を踏まえると、自分の話ばかりするとシラケてしまいます。でも、だからと言って、あっさりしすぎた内容では近況報告になりません。出来事をわかりやすく相手に説明するには、適度にかいつまんで話すことが求められるのです。

そのことに気づいた私は、さっそく大学の授業にも「近況報告トレーニング」を取り入れてみました。

授業を始める前に出席をとるのですが、ただ名前を呼んで返事をしてもらうだけでは味気ない。そこで、名前を呼ばれた学生は、「身のまわりで起きた〇〇なこと」を簡潔に話してもらうことにしたのです。「思わず笑ってしまったこと」「カチンときたこと」「ショックだったこと」など、〇〇の部分は何でもＯＫ。

ただし、ここでも「必ず15秒以内で話してください」とお願いしました。

初めのうちは、話すネタがなかったり、話がまとまらずに制限時間をオーバーしたりと、苦労している様子が垣間見られました。

ところが、このトレーニングを週１回の講義のたびに行っていくと、学生たちの近況報告が日に日におもしろくなっていったのです。

どの学生も、その人らしさが伝わるような近況報告を、制限時間に収まるように話せるようになりました。週1回の近況報告は、トレーニングとして効果覿面《てきめん》だったのです。

話す前に、頭の中で「このエピソードを15秒で伝えるなら、言うのはここだけ。これとこれは言わなくていい」と考える習慣が身についたのでしょう。

みなさんもぜひ、「15秒の近況報告」を試してみてください。

報告する相手は家族や友人など誰でも構いません。会社の同僚同士でもいいし、行きつけの飲み屋のマスターに話すのでもいいでしょう。

子どもの頃、家に帰って「その日、学校であったこと」を話したように、ときどき誰か気の置けない話しやすい相手に近況を報告する機会をつくってみましょう。その習慣が、短い時間で伝える練習になるだけでなく、会話そのものに対するハードルをグンと下げてくれるはずです。

応用編——近況川柳

近況報告に慣れてきた学生を見て、私はこのトレーニングをもっと〝進化〟させようと考えました。そこで思いついたのが「近況川柳」です。

これは、文字通り、最近体験した出来事を五・七・五の「川柳」にして報告してもらおうというもの。

俳句は「世界でいちばん短い文学」と言われていますが、五・七・五の17音は、言いたいことを言葉にして伝えられる究極の形と言っていいでしょう。

これは、音数が同じ「川柳」にも言えること。むしろ、季語という制約を受けないぶん、川柳の方が取り組みやすいかもしれません。

そもそも「五・七・五」は日本人にとって昔から慣れ親しんでいるリズムなので、まとめやすいという利点もあります。

伝えたいことのポイントを抽出して、五・七・五の川柳として整える──。

これを普段の近況報告に取り入れることは、より手短に、より印象に残るように話すためのトレーニングになると考えたのです。

最初のうちは「朝起きて二度寝をしたら遅刻した」くらいのベタでストレートなものでも良し。字余り・字足らずもOKとしました。すると学生たちは、すぐにひねりを効かせたり、ユーモアを交えたりして、楽しみながら近況川柳を詠むようになったのです。

たとえば、

里帰り　弟眼鏡　父アフロ

こんな川柳を発表した学生がいます。

久しぶりに帰省したら、弟が眼鏡をかけていたので驚いた。でも、もっと驚いたのは、父親がなぜかアフロヘアになっていたことだ。15秒だとこんな説明になるであろう近況報告ですが、見事に17音の川柳にまとめあげています。他にも、

ナンパ道《みち》 声かけられず 二往復
クリスマス パーティーしたら 男だけ
私にも ついに 彼氏ができました

などなど、思わずニヤッとしてしまうような、おもしろい名句（迷句？）が次々に生まれ、授業は大いに盛り上がりました。

話を15秒どころか「五・七・五」にまで圧縮する。そこで鍛えられるのは大胆に削ぎ落す要約力と省略力、少ない文字数で伝わる言葉を選ぶワードセンスです。

そうしたスキルを鍛えれば、わずか17音でも、聞き手が情景を想像するのに十分な情報を伝えることができるのです。

近況川柳は、究極の「要約力向上メソッド」と言ってもいいでしょう。

話の本筋を忘れない——戻れぬ者は脇道に入るべからず

話が知らず知らずのうちに本来伝えたかった本筋からズレていくことがあります。いわゆる「脱線」です。

「話す」という行為は、深い森を散歩するようなもの。道（話の全体像）をちゃんと把握していて本筋に戻ってこられる自信がある人は、少しくらい脇道にそれても（脱線しても）心配いりません。

しかし、森をよく知らない人が本道から外れると大変です。自分がどこにいるのかわからなくなり、戻れなくなってしまう。会話で言えば、「あの人、自分が横道にそれていること、わかってるのかな？」と言われる事態です。

こうした「会話の迷子」を回避するためには、常に本筋を意識しながら話す習慣をつけることです。

もし、脇道にそれてしまっても、視界の片隅にメインストリートが見えていれば、戻ることができるでしょう。〝明後日《あさって》の方向〟に話がとんでしまっても、本筋さえ見失わなければ、軌道修正が可能なのです。

「そもそも、メインストリートから外れたことに気づかないんです……」

と言う人もいるかもしれません。

脇道にそれた話をきちんと本筋に戻すには、話がそれた場所、つまり、会話の分岐点に戻る必要があります。

会話の分岐点には必ず「目印」となる言葉があるもの。わかりやすい例では、

「ちょっと話がそれますが……」

「余談ですが……」

「ちなみに……」

といったフレーズでしょうか。これらは話し手が脇道にそれると自覚して発してい

る言葉です。

他にも、

「○○は△△だと思います。そういえば△△には◇◇という話があって――」

こんなふうに思いつきで話がそれていく場合もあるでしょう。その場合は「△△」という言葉が「目印」です。どんなに話がそれても「△△」に戻れれば、本筋の話を再開できるわけです。

逆に言うと、自分が脱線しやすいと自覚している人は、脇道にそれる前に、こうした「目印」を〝落として〟おくといいでしょう。

つまり、「これから脱線します」としっかり宣言するのです。

もちろん、発言自体を忘れてしまうおそれもありますが、明言することで脇道にそれる事実をインプットできます。

慣れてきたら、あえて話題をズラして脱線し、再び「本筋」に戻ってくるという練習をしてみるといいかもしれません。

実は、「脱線」は必ずしも悪いことばかりではありません。話の幅を広げてくれますし、何より話が単調になるのを防ぐ効果もあります。

そのため、話が上手な人は、「ちょっと本筋とは関係ないのですが――」とあえて断ったうえで、意図的に脇道に踏み込んでいくケースもあるのです。

しかし、それが許されるのは、「本筋に戻れる人」だけ。厳しい言い方かもしれませんが、本筋を見失ってしまう人に「脱線」は許されないのです。

ひとつだけ「脱線」が許される例外があります。

それは雑談です。雑談は「今、何の話をしてたんだっけ？」が許されますし、むしろ、「迷子」になった方が話が盛り上がることさえある。

「本筋に戻ってくる必要がない」というより、元々本筋のない話であり、話題が次々にズレていくことを楽しむ会話が雑談なのです。

記憶に残りやすい二項対立的説明

善と悪、光と影、静と動、オンとオフ、精神と肉体——。

私たちの基本的な思考は、矛盾や対立の関係にある2つの概念の「二項対立」によって成り立っています。

映画やドラマで「最後には正義が勝って、悪は滅びる」という勧善懲悪ものが好まれるのも、そうした二項対立の構図がもっとも理解しやすいからです。

これは会話においても同じこと。

「AとBでは○○が違う」

「AとBの決定的な差は△△だ」

「○○したらA、○○しなければB」

「Aの○○よりもBの××の方が優れている」

このように、ＡとＢとの比較（二項対立形式）を意識すると、論理的でわかりやすい話し方になります。

「新商品のＡは高性能だ」よりも、「新商品のＡは、従来品のＢより3倍近く性能がアップしている」と言った方が、Ａのハイスペックさが伝わりやすくなるでしょう。

また、「あの人の身長、１７０センチなんだって」と言われるよりも、「あの人の身長は１７０センチ。１５０センチの私より20センチも高いんだよ」と言われる方が、背の高さを具体的にイメージすることができます。

浮世絵の「役者絵（歌舞伎役者の絵）」の特徴を伝えるときも、単に「役者絵は輪郭線をはっきり描き、その強弱で立体感を表現している」と言うだけでは、何となくは理解できても、明確なイメージが持てないかもしれません。

では、同じ肖像画である「モナリザ」を比較対象に用いたら、どうでしょうか。

「同じ肖像画ですが、モナリザと浮世絵の役者絵では、立体感の表現法が異なります。顔の輪郭線を描かずに陰影や遠近法で奥行きを出しているのがモナリザ。一方、役者絵は輪郭線の強弱で立体感を表現しています」

いかがでしょう？　こちらの説明の方が、比較によって違いが明確になるため、わかりやすいと思いませんか。

このように、Bという比較対象を用意することで、特徴が明確になり、Aに関する情報がより伝わりやすくなるのです。

ビジネスシーンでも、自社の製品をアピールするために「自社と他社」「新製品と旧商品」のように、AとBの「比較方式」がよく用いられます。

Aについて伝えようと思ったら、まず、比較対象としてのBは何になるのかを考える。Aだけを伝えようとせず、似て非なるBを見つけてくる。

こうしたアプローチは、二項対立で考えるという人間の思考傾向を活かした賢明な伝え方だと言えます。

また、二項対立を比較や対比ではなく「変化」という視点で捉えるのも、話をわかりやすくする方法のひとつです。

「以前はAだったけれど、変化して現在はBになりました」というビフォーアフターを示す話し方をすれば、A、Bの関係性がより明確になります。

「音楽はお店でCDを買う時代から、スマホやパソコンにダウンロードする時代に変わってきています。インターネットの普及によって音楽メディアを購入するのではなく、音楽データのダウンロードという入手方法が一気に拡大しました。さらに近年は、ダウンロードに変わってデータ受信と音楽再生を同時に行うストリーミングサービスが台頭してきており、音楽の聴き方はまだまだ進化するものと考えられます」

という具合です。

話がうまい人、話がわかりやすい人は、このように「比較」の手法を駆使して聞き手が理解しやすい話し方をしているのです。

「たとえば？」に即座に答えられるか

説明をするときには、具体例の提示が不可欠です。

「これからは、個人でもＳＤＧｓを意識して行動するべきだ」

これだけでは話が抽象的すぎて、聞く側に「で、結局何をするの？」という〝モヤモヤ感〟が残るでしょう。

そこに、「普段から節水・節電を心がける、まとめ買いを控えてフードロスを減らす、なるべく公共交通機関を利用する……など、個人が日常生活レベルで取り組めることはたくさんあります」といった具体例が出てくると、聞き手もその光景をイメージしやすくなり、「なるほど、そういうことか」と理解が進むのです。

逆に、具体的な事例が出てこないと、聞き手に「この人はＳＤＧｓのことをよく知らないのではないか」という印象を与えかねません。

そもそも「話が相手に伝わる」とはどういう状態を指すのでしょう？　聞き手が話の内容を一言一句もらさずに記憶していれば「伝わった」ことになるのでしょうか。それも間違いというわけではありませんが、本質ではありません。

「話が伝わる」とは、第1章でふれたように聞き手が話し手と「同じイメージを共有できる」ことだと私は考えています。そのための手法が「具体例の提示」なのです。

私たちの思考には「まず言語（言葉や文章）で抽象的な概念を把握し、画像や映像などによってその概念の具体像を知る」という傾向があります。

先の例ならば、ただ「ＳＤＧｓを意識した行動」だけではボンヤリしていたイメージが、例を挙げることで、

・こまめに電気のスイッチをオフにしているイメージ
・スーパーで買いだめせず、必要なものだけ買っているイメージ
・マイカーではなく電車で出かけるイメージ

など、話し手が思い描いているのと同じ情景が、聞き手の脳裏に自然に浮かんでくるでしょう。つまり「話が伝わっている」ことになります。

聞き手から「たとえば、どういうこと？」と聞かれたときに、即座に例を挙げることができるか——。話す前にこんなふうに自問し、具体例をあらかじめ用意しておくことが、うまく話すためのコツなのです。

聞き手の世界に合わせた「たとえ」を使う

具体例を提示するときには、ある事象を別の何かになぞらえて表現する比喩やたとえが有効です。

「二刀流で活躍する大谷翔平選手のように、自分の能力を存分に活かせる働き方」
「サッカーで言えば、アディショナルタイム終了間際の大逆転劇のような展開」
「サウナで〝ととのう〟ような、極上のリラクゼーションの提供」

たとえば、こんな表現です。

あるものを説明するのに、本質が似ている別の何かにたとえることで、瞬時に伝わることがあります。比喩やたとえは、話の最終目的である「聞き手とのイメージの共有」を強力にサポートする武器なのです。

ただ、この方法を使う際に注意したいのは、相手の知識や経験、生活環境などに合わせた表現を用いるということです。この点を誤ると、せっかくの効果的な手法もうまく機能しません。

ある人が、大勢の人だかりを見て「ウォーキング・デッドか！」と表現しました。

でも、このたとえはどれくらいの人に届くでしょうか？

「ウォーキング・デッド」とはアメリカで制作された人気テレビドラマで、ゾンビに支配された世界を、生存者たちが助け合いながら生き抜いていく物語です。

「ウォーキング・デッドか！」は、人だかりをゾンビがさまよい歩く様にたとえたわけですが、このドラマを知らなければ「？？？」となってしまうでしょう。

先ほどの3つのたとえにしても、野球やサッカー、サウナに詳しくない人であれば、こちらの意図がうまく伝わらないかもしれません。

ですから、相手が小学生ならば、

「学校の休み時間に△△するようなもんだよ」

「授業中に手を挙げるときには緊張するでしょ？　ああいう感じだよ」

入社したての新人社員が相手なら、

「面接でうまく答えられないと頭が真っ白になるでしょ。それくらいのパニックだ」

「初めて自分の名刺を手にしたときみたいな感激だよね」

こんなふうに、相手が共感・納得しやすいたとえを探す必要があります。

自分の経験だけに頼らないで、聞き手の年齢や職業、育った環境などに寄り添った「～のようなもの」を考えてみてください。

普段からエピソードをストックしておく

エピソード（体験談）を使うのも、わかりやすく伝える方法のひとつです。

「灯台下《もと》暗しで、身近なところには案外目がいかないものです。実は今朝、出がけに老眼鏡がなくて大騒ぎしたのに、気がつけば首に下げていたんです」

「おいしい料理は人を幸せにします。たとえば、私は落ち込むことがあると、よく近所の洋食屋さんに行くんです」

このように、実際のエピソードを具体例に用いることで、話のイメージが伝わりやすくなり、聞き手の理解も深くなります。これは、「物語」の形式を使うことで聞き手に強い印象を与える〝ストーリーテリング〟の手法にも通じるかもしれません。

ただ、エピソードを話すとなると、話下手を自認する人たちは「ハードルが高いな」と感じるかもしれません。

テレビのトーク番組で、爆笑エピソードを披露するお笑い芸人さんを見て「自分には無理だ」と思ってしまう人もいるでしょう。しかし、どんなに経験豊富な芸人さんでも、いきなり「爆笑エピソードを話してください」と言われて、そう簡単に話せるものではありません。彼らが突然話を振られておもしろいトークができるのは、エピソードや体験談のストックを持っているからなのです。

お笑い芸人さんがテレビのトーク番組に出演するときは、ほとんどの場合、事前にアンケートに答える形でエピソードを提出しています。そのアンケートにウケそうなエピソード、笑えるエピソードを書ければ本番で話を振ってもらえますが、エピソードがイマイチだと話す機会を与えてもらえず、「その他大勢」になってしまう。だからこそ、どの芸人さんも笑えるエピソードを懸命に集めているのです。

芸人さんでなくても、ここぞというときに使える鉄板エピソードをサッと話せる「話がうまい人」はいます。それができるのも、普段から自分が経験したことを忘れないように覚えているからです。

きっと、おもしろい体験をしたり、情けない失敗をしたり、感動する場面に遭遇したとき、「この出来事を、いつか、どこかで誰かに話そう」という意識を持っているのでしょう。話がうまい人は、普段からそれなりの準備をしているのです。

会話が苦手だと思っている人は、とかく「自分には人に話せるようなエピソードがない」「私の日常には変わったことなんて起きないから」と思い込みがちです。

でも、せっかく話のネタになりそうな出来事に遭遇しても、スルーしたり、忘れてしまったりして、ご自身の体験を活かしきれていないのではないでしょうか。

芸人さんも仲間うちで何度か話して、ウケなかった部分を削っていき、ウケた部分を広げる。そうしてエピソードを仕上げています。

日常の中でユニークな出来事に出くわしたら、「誰かに話すためのネタ」として覚えておくことをおすすめします。忘れないようにスマホのメモなどに書き残しておくのもいいでしょう。

自分自身に特別な体験がなければ、周囲の人のエピソードや本・ネットで知った出来事でも構いません。「これはエピソードとして使えるか?」という意識を持つだけでも物事の見方や感じ方が変わってくるはず。そうなれば、自ずと普段の会話も変わってくるのです。

取り扱い注意の「逆に」と「要するに」

わかりやすい話の重要な条件に挙げられるのが、論理的であるかどうか。

「筋が通っていない」「前後の関係性が矛盾している」といった論理的でない話は非常にわかりにくく、かつ伝わりにくいということになります。

多くの人が会話のなかで何気なく使っている言葉やフレーズの中には、相手を混乱させてしまうものがいくつかあります。

「逆に」という接続表現もそのひとつ。本来の「逆に」は、言葉の前後で内容が反対であることを示す「逆接」の接続詞として使われるはずです。

ところが「逆に」と言っているのに、それ以降の話の内容が前言の反対になっていない、よくよく聞くと同じ方向性の話だった、というケースが少なくありません。

なかには冒頭からいきなり「逆に」と言い出す人もいます。

誰かの話を受けての発言ならまだしも、会話の口火を切る人が開口一番「逆に」と話し始めるのです。本人は無意識に言っているのでしょうが、聞き手は「え、何の逆？」と困惑するでしょう。

最近では「逆に」が逆接ではなく、「違う側面から見れば」「言葉を変えれば」といったニュアンスで使われる例や、単に「語呂がいい」という理由で使われているケースも増えているようです。お店で店員さんに、「〇〇はできますか？」と聞いたところ、「逆にアリですね！」と言われて目が点になったことがあります。

普段の会話では目くじらを立てるほどのことでもないのかもしれませんが、あまり頻繁に使われると、話がわかりにくくなるだけでなく、耳障《みみざわ》りにもなります。

深く考えずに使っている人は、言う前に「これは本当に『逆に』でいいのか？」と自問してみるといいでしょう。

また「要するに」も、話を混乱させがちな言葉のひとつ。

本来、これまでの話を短くまとめるときに使われる表現ですが、「要するに」と言ったのに、その後も延々と話し続けてしまう人が少なくありません。

聞き手は「要点を短くまとめてくれる」という期待を抱きますから、あまりに長い説明が続くと「どこが『要するに』なんだ……」とガッカリします。

また、本来ならば、ひとつの話題に一度しか使わない言葉ですが、それを多用しすぎると、かえって話を複雑にしてしまいます。

話す前にポイントをまとめ、本当に短い言葉でまとめられるときにだけ使う。一度「要するに」と言ったら、以降の話は手短にまとめる（理想は15秒以内）。わかりやすく話すにはそうした意識を持つことが大事だと私は考えます。

「逆に」や「要するに」は、単なる口癖になっているだけで、そこにロジカルな思考が伴っていないケースもあるようです（先ほどの店員の例もこれに近いかもしれません）。

口癖であるがゆえに、知らないうちに矛盾が生じていることに気づかないのです。雑談や居酒屋でのトークならばともかく、伝えたいことが明確にあるときは、言葉の使い方を厳密に見極め、誤解や混乱を招かないようにするべきでしょう。

不要な言葉は極力使わない

「え〜と、今回私が提案したいのは、あの〜、DX導入を推進するために、え〜、部署に関係なくですね、あの〜、メンバーを募ったプロジェクトチームをですね、え〜つくるべきかと――」

多くの人は、スピーチや会議などで発言する際に、自分では意識していない「え〜と」「え〜」「あ〜」「あの〜」という、不要なワードを連発しているものです。

言葉に詰まったときに苦し紛れに口を突いて出てしまうのでしょう。

「え〜と」「あの〜」の連発は、聞き手にすれば「耳障り」なノイズですし、話し始める前の「え～と」も、子どもっぽくなるので避けるべきです。

こうした余計なフレーズを多用すると、どんなに素晴らしい内容の話でも、どこかたどたどしく、落ち着きのない感じに聞こえてしまうもの。

また、政治家や経営者の釈明会見、タレントの謝罪会見などで「え～」「あの～」が多用されることからもわかるように、自信がない印象を与えてしまいます。

このように、話すときのつなぎとして、やたらと「え～」「あ～」を連発してしまうケースを、そのまま「えーあー症候群」と呼ぶこともあるそうです。

「えーあー症候群」が厄介なのは、無意識に発しているので、言っている本人にその自覚がないという点です。

口癖というのは急には直せないものですが、心当たりのある人は、まず自分がどれくらい不要な言葉を使っているかを自覚すべきでしょう。

編集者やライターの方が長時間のインタビュー取材を行うときは、ＩＣレコーダーで音声を録音するのですが、私の知り合いは初めて自分の取材音声を聞いたとき、

「私って、こんなに『え〜』『あの〜』って言ってたんだ」と驚愕したと話していました。

それ以来、意識して「え〜」「あ〜」をなくすようにしたそうです。

みなさんも、一度試しに自分の話を録音して聞いてみてください。想像以上に不要な言葉を使っていることに気づくかもしれません。すぐには難しいかもしれませんが、少しずつ減らしていけば、話が格段に聞きやすくなるはずです。

小学４年生でもわかるように話す

自分の考えを的確に伝えたいなら、聞き手の語彙力や理解力に合わせて言葉を選ぶことが必要でしょう。先の「たとえ」の話でもふれたように、同じ内容の話をするにしても、聞き手が大人のときと小学生のときとでは伝え方を変える必要があるからです。

当然ですが、小学生相手に話すときには「大人よりも理解力が低い」という前提で、なるべく表現を平易にする意識が求められます。

私はNHK・Eテレの教育番組「にほんごであそぼ」の総合指導に携わっていますが、そうしたご縁もあって、ときどき小学校で講演をする機会をいただきます。子どもたちを前に「夢とは何か?」「時間とは何か?」「本を読むことの大切さとは?」といった話をするのです。

児童の中には低学年の子どもたちも大勢いるので、伝え方を変えないとすべての子どもたちに話を理解してもらえません。ですから、カタカナ語(外来語)や難解な熟語は用いない、理解しづらいたとえ話をしないといったことを心がけています。

とくに熟語は〝曲者《くせもの》〟で、大人が何気なく使っている漢語でも子どもには理解できない場合があります。

・動作↓うごき
・接続する↓つなぐ
・思考↓考え

こんなふうに言い換えると親切です。

聞き手が大人のときでも、相手がどれくらいの知識を有しているかによって、伝え方が変わってきます。ほとんどの人が知らないような専門用語ばかり並べれば、大人でも、まず理解してもらえません。そこでもやはり、極力平易な言葉を使って話すことが必要なのです。

わかりやすく話す訓練をするには、大人相手でも、あえて小学生に説明するように話してみるのも効果的です。その際、相手を「小学校4年生」くらいだと想定してみてください。

私の経験から言うと、小学3年生くらいまでは説明するのに特別な工夫が必要ですが、4年生になると、語彙に気をつけて丁寧に話せば大抵の話は通じます。

私はこれまでに小学生向けの本を何冊もつくっていますが、対象が小学校中学年の場合、編集者の方に「想定読者は小学校3年生ですか？ それとも4年生ですか？」と確認しています。大した違いはないだろうと思うかもしれませんが、小3と小4の間には語彙力や理解力において、確かな〝壁〟があるのです。

たとえば、「チャットGPT」を小学校4年生にわかるように説明してみましょう。

ここで「人工知能AIを駆使し、大規模言語モデルを基盤とした対話型インターフェイス」などと話しても、当然ながら、伝わりません。IT用語や一般的でない言葉を使わずに、本質をわかりやすく説明しなければ、小4どころか大人でも理解できないでしょう。

「コンピューターのしくみを使って、人間と話しているみたいに自然な言葉で質問に答えてくれるサービス」

これくらい噛み砕いて説明すれば、何とか小学校4年生にも理解してもらえるのではないでしょうか。本質を理解しつつ、一般的でやさしい言葉に言い換える。小学4年生にわかるように話す意識は、万人に伝わる語彙力強化にもつながります。

ただ、人によっては、噛み砕き過ぎると気分を害することもあります。相手によって平易な言葉のレベルを調整し、失礼な印象を与えないような配慮も必要でしょう。

第5章

人前でうまく話すためのヒント

緊張を取り除くには体を緩めることから

ここまで、うまく話すための心構えやテクニックについて解説してきました。

前章までの内容は、1対1、あるいは1対少人数を想定していましたが、日常生活のなかでは、大勢の前で話さなければならないシチュエーションもあるでしょう。

そこで本章では、いくつかの場面を想定して人前で話すためのコツをご紹介します。

＊

朝礼や結婚式などのスピーチ、取引先へのプレゼン、所属部署での会議、就職活動や転職での面接など、普段の生活のなかで「大勢の前で話す」状況は意外に多いものです。

ところが、そうした場面が大きなストレスになっている人もいるでしょう。

「2～3人相手なら平気なのに、大勢の前に出るとまともに話せない」

「みんなに注目されると、話している最中に頭が真っ白になる」

こうした悩みの最大の原因となっているのが「緊張」です。

緊張しないようにリラックスしようと思えば思うほど、余計にドキドキしてうまく話せなくなる。それがトラウマになって、さらに話すのが苦手になる……。

こうした悪循環は、往々にして発生します。

「ガチガチに緊張する」という表現があるように、人は緊張すると体が硬くなります。心も体もガチガチに固まったままでは、口も滑らかに動かず、思っていることをうまく伝えることができません。

自分が「あがりやすい」と思う人は、話す前に、まず固まった体を緩《ゆる》めてほぐすことから始めるとよいでしょう。人の体と心はつながっているので、体が緩めば、自然と心も緩んでくるのです。

話す前に〝ジャンプ〟で緊張をほぐす

「就活の面接で緊張しないようにするには、どうすればいいですか？」

学生からこんな質問をされることがあります。

そんなとき、私は次のようなアドバイスをしています。

面接を受ける前に、5回ジャンプしよう、と。

ジャンプといっても、思い切り高く跳ぶ必要はありません。息があがったり汗をかいたりするほど激しく跳ぶ必要もありません。

その場で軽く、トントンと上に跳躍するくらいで十分でしょう。それを5回行うだけで、肩の力がスーッと抜け、体全体のこわばりがほぐれていくのです。

以前、学生たちにこんな実験をしてもらいました。

まず、何もせず、普通に「どうも、こんにちは」と言ってもらいます。次に5回ほど軽くジャンプした後で同じセリフを言ってもらうのです。

すると、後者の方が、顔から緊張が抜けて柔和な表情になることがわかりました。体を緩めると、顔の筋肉もほぐれるため、表情が変わってくるのです。

体を軽く動かして緊張をほぐす〝5回ジャンプ〟は、東京芸術大学名誉教授だった野口三千三《のぐちみちぞう》氏が開発した「野口体操」からヒントを得ました。

野口氏がイメージする人間の体とは「皮膚という柔らかな革袋の中に液体が入っていて、その中に骨や臓器が浮かんでいる」というもの。独特な表現ですが、人間の体は本来、液体のように柔らかいものである、という意味にも取れます。

野口体操の基本は、体の力を抜いて自分自身に身を任せ、ユラユラと揺れるような心地良さを感じること。体の力みを取ることで、同時に心を緊張から解放するエクササイズでもあるのです。

〝5回ジャンプ〟は、すぐにできる簡単なものです。人前でのスピーチが苦手な人は、ぜひ試してみてください。

「恥ずかしがる」がいちばん恥ずかしい

人前で話す場面と聞いて、すぐに連想されるのがスピーチでしょう。

「人前だと緊張する」の裏側には、「うまく話せなかったら恥ずかしい」「話が下手だと恥をかいてしまう」という〝恥〟の意識が存在します。

この〝恥〟の意識について、日本人は大きなマインドチェンジが必要なのではないかと、思うのです。

カラオケで「ぜひ、1曲」と言われて「いえいえ、下手ですからお聞かせするのも恥ずかしくて」「まあ、いいじゃないですか」「いやいや、でも……」を繰り返し、次第に場がシラケていく。こんな状況をたまに見かけます。

本人にすれば「下手だから歌えば恥をかく」という不安があるのでしょう。

しかし、周囲の印象は異なります。歌が下手であることよりも、「恥ずかしがって、いつまでも歌を固辞し続けている姿」の方が、よほど恥ずかしく見えるのです。

人前で話すスピーチもまったく同じです。

話すのが苦手でも「こうなったら、やるしかない」と腹をくくって話す姿と、いつまでもモジモジしながら「私は気の利いたことも言えなくて、こういう場で話すような資格はないんですけど――」などと言い訳をし続ける姿。

周囲の人たちの目に「本当に恥ずかしく」映るのはどちらでしょう。

たとえ流暢に話せなくても、手短にサクッと終われば聞き手がネガティブな印象を持つことはありません。また、的外れな話になっても、それが深刻な問題を引き起こすわけでもないでしょう。

「恥ずかしい」というのは本人だけが気にしていることで、周りはそれほど注意していないものです。

突然、人前で話すことになったら、前置きや言い訳をせずにサッと話し始めてしまう。話が迷走しても、最後には「以上です！」と勢いで終わらせてしまう。

そうするだけで、中身のない話もそれらしく聞こえるのです。モジモジ、グズグズしている姿に注目が集まれば、かえってハードルが上がってしまいます。

恥ずかしさを気にする人には、ぜひ「いちばん恥ずかしいのは中途半端にためらう姿だ」ということを頭に入れておいていただきたいと思います。

「恥ずかしい」という無駄な意識は上達も妨げます。『徒然草』にも、字が下手だと恥ずかしがらずにどんどん手紙を書きなさいと書かれています。

スピーチは「終わり方」が9割

鉄棒や吊り輪などの体操競技では、演技と同等かそれ以上に「着地（フィニッシュ）」が重視されます。美しく着地できたかどうかで、評価が大きく変わってくるからです。

最後の「締め」が重要という点で、スピーチは体操競技と似ているかもしれません。

話の締めくくりがバシッと決まれば、聞き手は「いい話だった」と気持ちよく聞き終えることができるのです。

スピーチが下手な人の中には、話の「フィニッシュ（何と言って終わらせるか）」を決めていない人が多いようです。そのため、終わるのか終わらないのかよくわからず、グダグダになってしまう。

これでは、聞き手も「え、これで終わり?」「結局、何の話だったんだ?」と戸惑ってしまいます。

スピーチで「締め」を考えないで話し出すのは、体操選手が着地を考えずに鉄棒から手を離すようなもの。オリンピックのメダリストのような一流選手でも、手を離してから「どうやって着地しようか」と考えるような人はいません。

誰もがみな、演技に入る前、あるいは演技を組み立てているときから、いかに最後の着地を美しく決めるかを考えています。着地のイメージもなく手を離せば、「決まらない」どころか、大きなケガをする危険性があるからです。

スピーチも、締めを決めずに話すのは大ケガの元。そうならないためには、事前に締めの言葉を用意しておく必要があります。とはいえ、難しく考えすぎるとかえってドツボにはまってしまいますから「ベタ」でOK。

仕事上のスピーチなら「ご清聴ありがとうございました」、結婚式なら「……以上をもちましてお祝いの言葉とさせていただきます」、転職者・退職者へのはなむけの言葉なら「〇年間、本当にお疲れさまでした」のように、場に適したフレーズを用意しておけば、十分に〝決まる〟フィニッシュになります。

こうしたフレーズを覚えておいて、「そろそろ時間だな」と思ったらサッと出して終わらせる。

もし、話に行き詰まってしまっても「締め」のフレーズさえ忘れなければ、力技で「強制終了&緊急着地」して切り上げることも可能です。

フィニッシュのフレーズを用意しておけば、聞き手は「話の終わり」を明確に認識でき、話し手にとっても、「これを言えば終われる」という安心材料にもなります。

余談ですが、私は大学で、さまざまな古典を「お笑い」風に表現するという授業をすることがあります。

「ショートコント『論語』」、「ショートコント『源氏物語』」といった具合に、古典の内容をモチーフにして学生にコントを演じてもらうのです。

もちろん、プロのお笑い芸人がつくるコントのようなわけにはいきません。学生たちも、お笑いの台本を書いた経験などありませんから、「オチ」が決まらないこともよくあります。

そこで学生には「オチに悩んだら、アンガールズの〝ジャンガジャンガ〟で締めてみたら？」と言っています。うまくまとまらなくても「ジャンガジャンガ」で終わらせれば何とかなる、と。

すると学生たちは「だったらこうしよう」と、より自由に発想し、おもしろいコントが生まれることもあります。

ちなみに、この「ジャンガジャンガ」の使用についてはアンガールズの田中さんから直接許可をいただいています。

物事は「終わりよければすべてよし」。スピーチの印象のよしあしもまた、「最後をどう締めるか」にかかっているのです。

「頭が真っ白」を防ぐカンペ術

大勢の人の前で話しているとき、よくあるのが「次に何を言うのかを忘れてしまって、言うべき言葉が出てこない」という事態です。さすがにフィニッシュして強制終了するには早すぎる。でも、いくら記憶をたどっても思い出せない。次第に気ばかり焦って頭が真っ白になってしまう——。

この状況は、お笑い芸人さんがステージでネタを忘れて、何も言えずにシドロモドロになってしまうのと似ています。

ただ、私たちのスピーチがお笑いのステージと大きく違うのは「カンニング」が許されていることです。

途中で話すことを忘れてしまいそうなときには、手の中に小さなカンペ（カンニングペーパー）を忍ばせておけばいいのです。あるいは手のひらや手の甲など、そっと確認できる場所に書いておいてもいいでしょう。

カンペはシンプルに「ポイント」だけを書くようにします。細かく書きすぎると、「見る」のではなく「読む」になってしまい、カンニングがバレてしまいます。

ポイントが３つなら「多様性」「マルチタスク」「大谷・二刀流」のように、それだけ見れば「そうだ、この話をしなきゃ」と思い出せる〝最低限のキーワード〟を書いておく。このカンペを活用すれば、話すことを忘れて呆然と立ち尽くす……といった事態を防ぐことができます。

メモは「チラ見」で確認し、すぐに顔を上げて話すのが理想ですが、緊張してうまくできない人、それでもまだ不安な人は、あえてメモの存在を明かしてしまうのも手です。

サッとメモを見てから目線を戻しながら「緊張すると真っ白になるので、ちょっとだけメモを見ちゃいました。これでひと安心です」などと、カンニングを白状してしまえば、それはそれでひとつの演出になります。

達人になると、メモなど見なくても話せるのに、わざと「ちょっと待ってください。今、メモを見ますから」と言って、聞き手を惹きつける間合いをつくる人もいます。

それでも「メモレベルじゃ安心できない」という人は、思い切って原稿を読んでもいいと思います。ライブ感は失われますが、話が止まって立往生する最悪の事態は回避できます。

そのときも、終始うつむいて読み上げるのではなく、要所要所で原稿から顔を上げて聞き手を意識するように心がけること。ポイントはよどんだ空気にならないよう、元気よく話すことです。

話に緩急と抑揚をつける

法事の席でお経を聞いていると、不謹慎とは思いつつも、次第にまぶたが重くなってくる……。そんな経験はありませんか。人は単調で同じリズムを耳にしていると、つい眠くなってしまうものです。それはスピーチも同じで、話し方に緩急や抑揚をつけた方が聞き手を惹きつけ、飽きさせません。

問題は抑揚のつけ方にあります。

「ここはぜひ聞いてほしい」

「今から話すことがいちばん大事」

という重要ポイントを、他の話に埋もれさせずに強調するにはどうするか。

日本人は、強調したい部分を「大きな声で話そう」とばかり考えがちです。それも間違いではありません。たしかに声の大小や強弱も抑揚を生む方法のひとつです。

ただ、それ以上に効果的なのが、話すスピードにメリハリをつけるというやり方です。簡単に言えば「強調したいところはゆっくり話す」ということ。

スピーチのなかでもさほど重要ではない、聞き流しても大勢に影響がないところは速いテンポで話す。そして強調したい箇所になったらブレーキを踏むようにスピードを落としてゆっくり話す。それが「伝わるスピーチのコツ」なのです。

学生の頃、参考書の重要な箇所を目立たせるために、蛍光マーカーペンで線を引いていたという人は多いと思います。

スピーチで強調したい箇所を「ゆっくり話す」のは、話し言葉を蛍光マーカーペンで塗るようなもの。参考書はマーカーの色で、スピーチは話すスピードのメリハリで、強調箇所を際立たせているわけです。

ただし「スピーチすべてが強調したい話だから」と終始ゆっくり話されたら、聞き手はその間延びした話し方にイライラしてくるでしょう。

逆に「早く終わらせたいから」と最初から最後まで早口で話されると、言葉が埋もれてしまって、どこが重要な箇所かわからなくなります。

結局、大事なのは「メリハリ」なのです。

大きな身振り手振りでも会話に抑揚をつける欧米人と違って、日本人は話し方にメリハリをつけることにあまり慣れていないように思います。

大事なところは、車がゆっくり進むときのような「徐行モード」を意識しましょう。

それだけでも、スピーチの伝わり方や説得力が変わってきます。

聞き手に体を開く

大勢の人の前に立ってスピーチをするとき、話の内容以上に重要なのが「体の使い方」です。

とくに人前で話すのが苦手な人や慣れていない人は、話の内容ばかりに気を取られて体に対する意識が疎かになりがち。

しかし、体の状態が変われば、言葉の響き方も変わってきます。

話を確実に伝えたいのなら、聞き手に体を開くことを意識してください。

体を開くとは、聞き手（聴衆）にまっすぐ向き合うことです。

たとえば、顔を上げて話す。

先に「メモはチラ見ですぐに顔を上げる」「原稿を読みながらのスピーチでも、できるだけ顔を上げる」と書きました。それは、ずっとうつむいて原稿に目を落としているだけでは体が「閉じて」しまうからです。

自分の世界に閉じこもっていると、第1章でふれた「聞き手の反応」をキャッチすることができません。顔を上げて話すことで、聞き手一人ひとりに意識が向き、互いにつながるイメージができます。そこに、より深い共感や理解が生まれるのです。

さらに実践していただきたいのが、聞き手に体「全体」を向けること。

大勢の前で話すときは、ただ正面を向くだけでなく、右側の聞き手に体を向けたり、左側の聞き手の方に向いたりと、体の向きを適宜変えながら話します。

たとえて言うなら、「首振り扇風機」です。首振り機能で部屋全体にまんべんなく風を送るように、話しながら体を動かして会場の全方向に意識の風を送る〝人間首振り扇風機〟をイメージするといいでしょう。

この首振り作戦は、大人数を前にしたスピーチだけでなく、日常生活における３人以上の雑談にも応用できます。

１対１で交わす雑談であれば、目の前のひとりに体を向ければいいでしょう。わざわざ体の向きを変える必要はありません。

しかし、３人以上になった場合は、特定の誰かだけに体を向けていると、聞き手を限定する形になり、残りの人が疎外感を感じることにもなりかねません。

そんなときには、中央の人に向かって話したら、次は右側、その次は左側の人に、というように柔軟に体の向きを変えてみましょう。こうすることで、全員と均等に話をするという意識が伝わります。

ちなみに、心と体をオープンにすることを表す「胸襟《きょうきん》を開く」という言葉があります。「胸を開く」というイメージは感情表現の基本なのだとか。この話は、以前、坂東玉三郎さんと対談したときに教えていただきました。

「視線」の問題を解決する

大勢の聴衆を前にして視線が定まらず、キョロキョロと目が泳いでしまう——。人前で話すのが苦手な人が悩むのが、「どこを見て話せばいいのか」という視線問題ではないでしょうか。

1対1や1対2〜3人での会話なら自然に相手を見ることができるのに、1対大勢になると、視線の集中砲火に気圧《けお》されてどこを見て話せばいいのかわからなくなる、という人は多いでしょう。

行き場を失った視線が落ち着きなく空中をさまよい、自分でもキョロキョロしているのがわかる——。こんな状態では、聞き手に「自信がなさそう」「あの人、大丈夫かな?」という頼りなさげな印象を与えてしまいます。

では、大勢の聴衆を前にしたとき、どこを見て話せばいいのでしょうか。

ここでは2つのポイントを挙げましょう。

ひとつは「聞き手の分割」です。

まず、聴衆全体を大まかにいくつかのブロックに分けます。

広い会場なら「右・左・中央・右奥、左奥・中央奥」の6ブロック、人数が少なければ「右・左・中央」の3ブロックくらいでも構いません。

6ブロックの場合は、「右〜左〜中央〜右奥〜左奥〜中央奥」という流れでゆっくり視線を動かしていきます。

ポイントは、視線の移動を急がないこと。せわしなくキョロキョロすると、その行動がかえって「目が泳いでいる」ように見えてしまいます。

また、目だけを動かすのではなく、体ごと動かして会場全体を広くまんべんなく見渡しながら話します。ここでも「首振り扇風機」のイメージを持つといいでしょう。

もうひとつは「聞き手の中に味方をつくる」です。

聞き手を大まかなブロックに分けたら、その各ブロックの中で、ひとりずつ自分の話を好意的に聞いてくれそうな人を選びます。目安となるのは、笑顔で聞いてくれている人や話にうなずいてくれる人です。

ブロックごとにいる「その人たち」に視線を向けて、アイコンタクトを取りながら全体を見渡していけば、気持ちに余裕が生まれてきます。聞き手の中にいる「味方」の存在が安心感につながって、視線に落ち着きをもたらしてくれるのです。

落ち着いた視線で話せる人は、聞き手に「誠実で信頼できる」印象を与え、話の説得力も高まります。相手と視線を交わしながら話すことは、コミュニケーションの基本なのです。

複雑な話はホワイトボードで情報共有

ビジネスシーンにおいて「人前で話す機会」と言えば、会議やミーティングでの発言が一般的でしょう。

会議で発言するときも、まず心がけたいのは、パッと全体がわかるように話すこと。各人が忙しいなかスケジュール調整して集まる会議は、「何時から何時まで」という時間の制約があるのが普通です。そうした限られた時間での発言には、普段の会話以上に効率良く話すことが求められます。

このときに便利なのが、「ホワイトボード」。出席者に自分の意見を簡潔に説明するときには、積極的にホワイトボードを活用することをおすすめします。

会議で何かを説明するときに、内容が複雑だと言葉だけでは聞き手に理解されないことがあります。そんなとき、ホワイトボードに図や簡単なグラフ、キーワードの箇条書きなどを描きながら話すと、非常に効果的です。

テレビの報道番組などを見ていても、ナレーションに合わせてテロップや図表が出ると一気に話がわかりやすくなります。それと同様に、発言の途中で話が複雑になってきたら、「ホワイトボードを使ってもいいですか」と許可を得て、補足のビジュアルを描きながら「こういうことです」と説明する。言葉だけでなくイメージ図を見せることで、その場にいる全員に共通の理解をもたらすことができます。

たとえば、大学職員の会議で、現状の教育カリキュラムの一部を変更することが議題になり、その概要を説明することになりました。

現状10ある必修単位のうち、「A」「B」「C」は外して、代わりに「D」「E」「F」「G」を追加する。ただし、その4つはすべてが必修ではなく、そこから2科目を選択して、それを必修にする――といった内容を口頭で説明されても、一度で理解できる人は少ないのではないでしょうか。

そこでホワイトボードに図を描いて、差し棒などで「ここの単位はなくして、代わりにこちらの４つを追加します。そのとき、ここから2つを選択して……」と、図解すれば一発で理解してもらえるでしょう。

ホワイトボードを有効活用して、すべての人と正しい情報を共有する。

これができれば、きっと「仕事がデキる人」という評価が得られるはずです。

図を描きながら話す練習

ホワイトボードの話が出たので、「図」についてもふれておきましょう。

第1章で、話がうまい人は聞き手の理解を促すために、ビジュアルを意識していると書きました。これは実際その通りで、会議の場でも、うまいファシリテーターは、「つまり、こういうことですよね？」と、サラサラとホワイトボードに図を描いて、議論を可視化してくれます。自分の考えだけでなく、話し合いの全体像も図にしてくれるので、話がわかりやすくなるのです。

「議論をリアルタイムで図にするなんて、私には無理」とあきらめないでください。頭の中で話を図式化するスキルは、特殊な才能ではなく、練習すれば誰でも身につけることが可能です。

まずは、図を描きながら会話をする習慣をつけましょう。

紙とペンを常備して、何かを説明するときに、話の内容を図解しながら話すのです。この練習を繰り返すと、話しながらリアルタイムで図が描けるようになります。慣れてくると、紙に描き出さなくても頭の中で議論を単純化できるようになるでしょう。

最初のうちは、説明に集中すると図を描く手が止まり、描く方に意識が向くと、今度は説明が止まる、といったことが続きます。

しかし、これもまた、やり続けていくうちに、徐々にできるようになるものです。

図式化する際の基本は、

・キーワードを書き出す

・同じものを「グループ化」する
・線、矢印（→←）、等号（＝）、不等号（＜＞）などで「関係性」を示す

この3点を意識するだけでも、簡単な図（フローチャートや相関図、構造ツリーなど）を描くことができます。

たとえば「タレントのAさんは実は私の従姉《いとこ》の娘なんです」という話をするとします。言葉の説明だけだと、聞き手も「ああ、遠い親戚ね……」くらいの理解にしかならないでしょう。そこで説明をしながら簡単な系図（次ページ上）を描いてみると、関係性がクリアになって格段にわかりやすくなるはずです。

あるいは「A案があります。さらに別視点のB案があります。どちらの案にもそれぞれデメリットがあるため、折衷案としてのC案を考えました。このC案をX案と統合します」と説明をするときも、概念図（次ページ下）を描けばすぐに理解してもらえます。

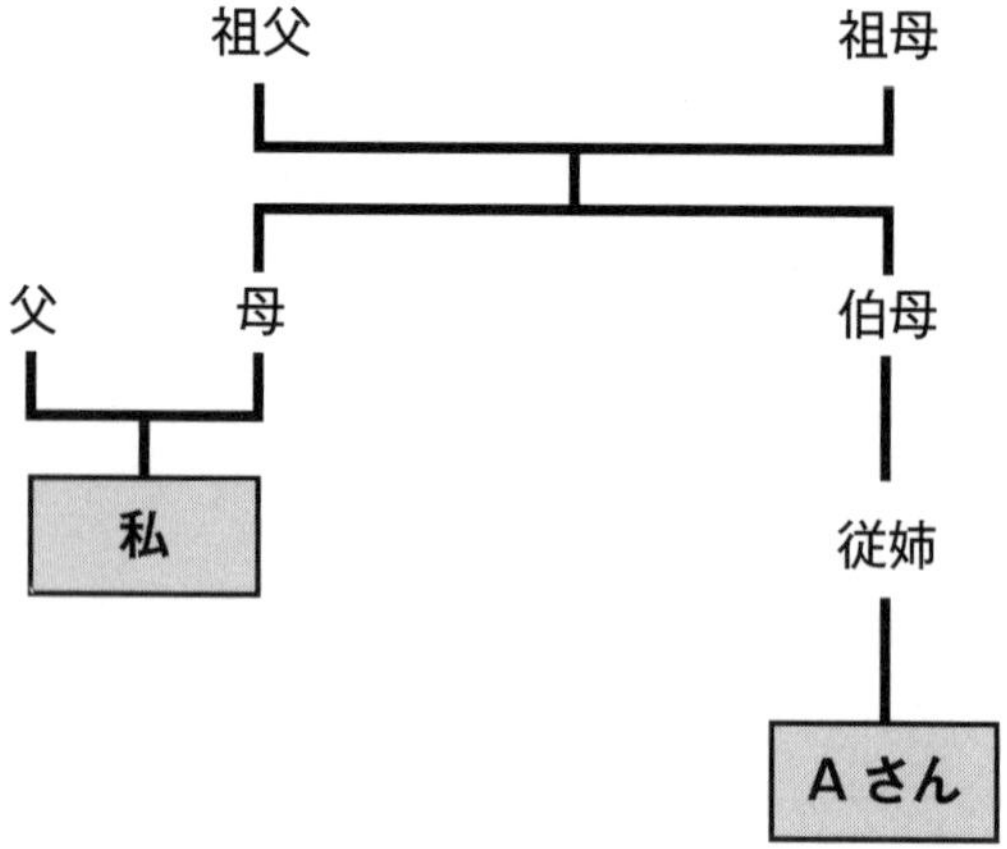
祖父
祖母
父
母
伯母
私
従姉
Aさん

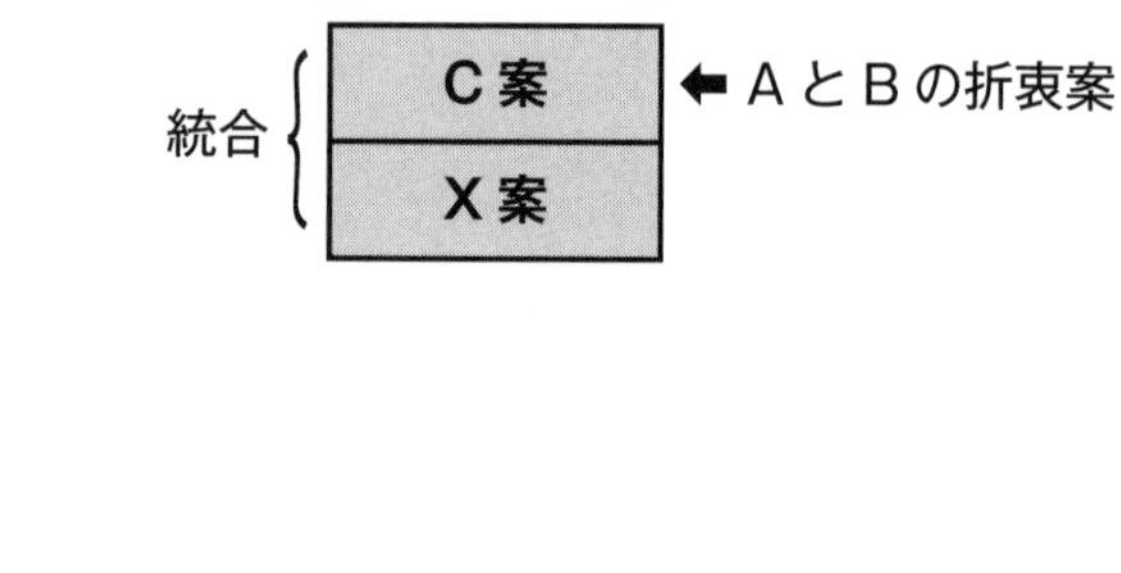
A案
B案
デメリットを排除
C案
AとBの折衷案
統合
X案

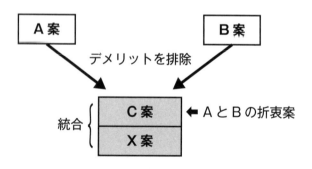

私自身、中学生の頃から会話をしながら図を描くことを実践してきました。今でも取材や打ち合わせでは、必ず紙に図を描きながら話すのが習慣になっています。その際には、赤青緑の3色ボールペンを使って図式化するようにしています。最重要ポイントは赤ペン、根拠は青ペン、そして気になったことは緑ペンと使い分けながら図を描いていきます。色分けは厳密でなくてＯＫです。意識どこかに提出するものではないので、自分と相手が理解できればそれで十分。意識して丁寧に描く必要はありません。

言葉は話すとすぐに消えてしまいますが、簡単な図にすることで伝えたいことが可視化されて、その場に留まります。だから理解を得られやすいのです。

私は、このように会話を図（マップ）に変換しながら行うコミュニケーションのことを「マッピングコミュニケーション」と呼び、図式化思考を身につけるアプローチとして推奨しています。

描きながら話すことは、自分の意見が伝わりやすいだけでなく、自分で自分の意見を客観視し、整理できるメリットもあります。

みなさんも、ぜひマッピングコミュニケーションを実践してみてください。

「箇条書きレジュメ」で体裁を整える

込み入った内容を要領よく伝え、しかも全員で正しく共有しなければならないときは、ちょっとした工夫が必要です。これまでにも書いてきたように、口頭で説明するだけでは、聞いている人たちの記憶にはほとんど残らないでしょう。

そこで用意していただきたいのが「箇条書きレジュメ」です。

このレジュメは話し手が伝えたいことを文章にしたものではありません。説明をただ長い文章に置き換えても、それを読もうと思う人はほとんどいないでしょう。

必要なのは、タイトルと項目の箇条書き。これが列挙されていれば、十分です。

営業部フロア移動　日程確認／役割分担／当日作業フロー／顧客名簿の配置決め

たとえば、こんな感じでしょうか。これに、各項目のポイントが列挙されていれば、さらに望ましいでしょう。

必要な項目をA４用紙１枚にまとめて出席者に配布。話し手自身も手元に置いて、話しながら「これは話した。これも説明した。後はこれとこれ――」とチェックリスト的に使えば、「漏れ」がなくなるだけでなく、気分的にも落ち着いて話せます。

大学の授業でも学生に発表をさせる機会がよくありますが、どんなに簡単な内容でも、必ずこのレジュメを用意してくるように伝えています。

ときどき、レジュメを忘れて手ぶらで来る学生がいますが、そういう学生の発表は目も当てられません。たいてい、内容がグダグダで聞く側も「？」となります。

ところが、内容の薄い発表でも「箇条書きレジュメ」があるだけで何とか体裁が整いますから不思議なものです。レジュメを作成しながら、話す内容が自然と整理されるのかもしれません。

ですから、学生たちにレジュメの重要性を訴えるときには、冗談めかして「レジュメは水泳の授業における〝水着〟です」と話すようにしています。

レジュメのない発表は、水着を着ないで泳ぐようなもの。自分はよくても周りが恥ずかしいし、いたたまれない気持ちになる。だから、せめてレジュメは忘れないようにしてほしい、と。

この説明を聞いて学生たちは大爆笑するのですが、しっかりとイメージが伝わるのか、手ぶらで出席する学生はいなくなりました。いずれにせよ、「箇条書きレジュメ」のあるなしで、発表の出来に大きな差がついてしまうのです。

前述のように、ホワイトボードを使いながら話せば伝わりやすくなりますが、いかんせん、ボードの板書は会議が終われば消されてしまいます。

しかし出席者の手元に簡潔なレジュメが1枚あれば、伝えたいことが消されずに残ります。また、発言中に聞き手が気づいたことを書き込めるメモにもなります。

手元に置く1枚のレジュメは、話し手と聞き手双方にとっての強い味方なのです。

発言に慎重を期す「3分の1の法則」

会議に出席していると、頭に浮かんだことをすぐに発言してしまう人が多いことに気づきます。しかし、そうした発言は、本当に「単なる思いつき」で終わってしまうことがほとんど。

ひとつ思いついたアイデアの中のひとつ、つまり「1分の1」の発言は、反射的に発せられた、内容が伴わないものであるケースが多いのです。

ほぼ思いつきなので、「これを言ったら、どんな反応があるか？」という点が考慮されていません。それが単に的外れな発言で済めば、まだいいでしょう。しかし、思いつきだけの不用意なひと言は、ときには誰かしらの地雷を踏んで大きな失言につながる可能性もあるので要注意です。

そこでおすすめしたいのが、発言に慎重を期すための「3分の1の法則」です。話したいことを思いついても、すぐには口に出さないでストックしておく。それが3つ溜まったら、「どうしても言いたい」というものをひとつだけ発言するという考え方です。

何事もアイデアを3つ出せば、その中に「これは！」という発想が出てくるものです。普段から思いつきの発言や行動で失敗しがちな人は、この「3分の1の法則」を意識することで、言動に慎重さが生まれます。

今の時代、「3分の1の法則」をとくに意識すべきなのが「コメンテーター」という立場の人でしょう。

私もテレビ番組でコメンテーターを務めることがありますが、常々実感するのは、この仕事は「これを言ったら終わり」というリスクだらけだということです。

ある出来事について3案のコメントを考えるとします。その中で「失言につながるもの」「誰かが不快に感じるもの」「十分なエビデンスがないもの」「平凡すぎるもの」を除いていくと、話せるものはどれくらいだと思いますか？

およそ、３割です。

つまり、コメントを３つ思いついたら、ひとつは「言うな、危険！」、ひとつは「平凡すぎる」と警戒した方がいいわけです。

思いついたコメントをフィルターにかけて、「危ういコメント」を排除し、安全なコメントを見つけ出す。そのうえで、できるだけ意味のあるコメントを選ぶ。その場で思いついたことをそのまま口走ってしまう人は、参考にしてみてください。

面接の基本は「聞かれたことに答える」

複数の人があなたの言葉に耳を傾ける場面と言えば、「面接」があります。

面接でうまく話すための基本も、「短く、簡潔に」であることは変わりません。

面接官の質問に、ダラダラとまとまりのない返答をしていたら、それだけで大きな減点対象になってしまうからです。

質問されたら、短く答える。さらに質問されたら、また簡潔に答える。このように、面接官とのラリーを途切れさせないようにテンポ良く話すことが大事です。

このとき気をつけたいのが、聞かれたことにきちんと答えているかどうか。

私も面接官の立場になることがありますが、その際には「こちらの質問に的確に答えられる人かどうか」を見るようにしています。

聞かれたことに答えるのは面接における最低限のルールです。それが守られていなければ、いくら素晴らしい自己アピールができても採用にはつながりません。

面接官と言葉のキャッチボールができないのは致命的です。

投げたボールを正しく受け取れず、正しい位置にも投げ返せない。質問の答えになっていない的外れな返答をする。そんな人とは、同じ職場で働く姿をイメージしてもらえないでしょう。面接では「今、自分は何を聞かれているのだろうか」ということを正確に把握することが重要なのです。

「質問に的確に答えるなんて当たり前でしょ」と思われがちですが、実際に面接の場に身を置くとその「当たり前」ができない人が意外と多いのです。

まじめで入念に準備しすぎる人ほど、その傾向が見られます。「あらかじめ準備しておいたことを話さなきゃ」という意識が強すぎて、質問とズレた応答であることに気がつかずに、自分の思いの丈《たけ》を伝えきろうとしてしまうのです。

さらに、そういう人は得てして話が長くなる傾向があります。

的外れで、話が長い。

これでは、いい結果も望めないでしょう。

面接官の質問の意図を推し量り、「何が知りたいのか」を汲み取る。「聞かれたことに答える」という当たり前を疎かにしないことが、採用を勝ち取る秘訣なのです。

頑張っただけの自己アピールに意味はない

面接とは、言わば「自分を売り込む」場です。

何をどう話せば面接官に興味を持ってもらえるのか。「一緒に働きたい」と思ってもらえるのか。自己アピールは面接の最大のポイントであり、いちばんの悩みどころでもあります。

注意したいのは、面接で自己アピールをする際に、「こんなことを経験しました」とか、「こんな仕事で成果を出しました」と言うだけでは不十分だということ。

面接官が聞きたいのは、過去の経験や得た成果から何を感じ、何を学び、何を得たのか、ということ。つまり、事実の「もう一歩先」を知りたいのです。

たとえば「深刻な状況に陥ったが、あきらめずに切り抜けた」という話なら、どうやって切り抜けたのか、そのときの自分はどんな状況判断をしたのか、その判断はどんな結果をもたらしたのかを話す。そうした材料を提示できて、初めて面接官の関心を惹くことができるのです。

たとえば、中途採用の面接で受験者が、

「前職では、５年間、ＳＮＳを中心としたＷｅｂメディアマーケティングのフォーマット構築を担当してきました。その経験を活かして御社の成長に貢献したいと思っています」

という自己アピールをしたとします。しかし、これでは面接官もピンときません。場合によっては「ああ、そうですか」で終わってしまうかもしれません。

私が面接官なら、何を感じながらＷｅｂマーケティングの仕事をしてきたのか。その仕事から何を学んだのか。その学びからどんなことができるのかを知りたいと思うでしょう。事実の「一歩先」の話を通じて、受験者の人間性を知りたいのです。

ですから、面接官の立場で質問の意図を探りながら、自分自身を掘り下げて分析した回答をする必要があります。

転職を考えている人も、そうでない人も、日頃から「なぜ、この仕事が好きなのか」「この仕事から何を感じるか」「なぜこの仕事からこの感情が生まれるか」というように、自分の内面を深堀りする習慣をつけておくといいでしょう。

自分を「深掘り」することで、自己アピールや志望動機などに深みが生まれ、面接官が納得するような発言ができるようになります。

面接が受験者にとって自分を売り込む場であるなら、面接する側にとっては「その人はどのような人間なのか」を知るための場です。

経歴や実績は、話さなくても履歴書やエントリーシート、職務経歴書などの書類でわかること。そうしたデータよりも、受験者の内面を話す機会が面接なのだと心得ましょう。

「逆質問」で熱意をアピールする

面接試験では、最後に「では、何か質問はありますか？」と聞かれることがよくあります。いわゆる「逆質問」です。

「逆質問」では、受験者が「どれだけこの会社に入社したいのか」「働きたいのは本気なのか」という熱意や真剣さが問われます。その熱意が伝われば大きなプラス評価になりますが、伝わらなければ選考に残ることはできません。

私も就活を控えた学生から「逆質問されたら、何を聞けばいいでしょうか？」と質問されるのですが、やはり、応募先の企業やその業界について事前に勉強したことがわかるような質問をするのがベストだとアドバイスをします。

試験を受ける企業や業界についての大した知識もなく、どんな企業にもあてはまるような質問をすれば、熱意が伝わらないどころか「本当にウチに入りたいのか？」という疑問を持たれてしまうでしょう。

一方、その企業や業界のことをしっかりと調べ、それを土台にした質問ができれば、面接官に「ウチのことをしっかり勉強している」という印象を与え、熱意の強さを感じてもらえます。

このとき、応募先企業の概要や、社歴、沿革などに目を通しておくのは基本中の基本です。そして、その企業が属する業界の最新事情くらいは、関連書籍やインターネットでチェックしておきたいものです。

ただし、それだけでは不十分。できれば、その会社がどういった「方針」をとっているのか、というところまで調べておきたいものです。

といっても、経営方針のような大掛かりな話ではありません。

「最近、どのような分野に進出しているのか」「新商品の傾向はどうなっているのか」など、外部からわかる情報です。この点を押さえておくと、自然と聞きたいことが見えてくるでしょう。

余談ですが、最近、面接官をしているとモヤッとすることがあります。

というのも、受験者からこちらが尋ねたこととまったく同じ内容を「逆質問される」場面に出くわすことが多いのです。

たとえば、「○○の状況で、あなたならどうしますか」と質問をすると、「逆に、あなたはいかがですか？」と、私に尋ねてくる。

最近、２人にこうした逆質問をされました。もしかしたら、それをテクニックのひとつとして教えている本でもあるのかもしれません。

こうした面接官への逆質問は感心しません。面接は受験者が質問に答えるのが基本ルール。聞いているのは、あくまでも面接官の方です。

「いやいや、聞いてるのはこっちだから」という展開になると、面接官も良い気はしないでしょう。無駄に心証を悪くするだけで、何の得にもなりません。

同じ「逆質問」でも、質問の意図がわからないときに、「今のご質問は○○という理解でよろしいのでしょうか？」と確認するためのクエスチョンならいいのですが、面接官の質問に同じ質問で返すのは慎むべきです。

リーダーはネガティブな言葉を使わない

最後に、リーダーとしての話し方についてもふれておきましょう。

キャリアを重ねて部下を持つリーダーになると、人前で話す機会がさらに増えます。チームメンバーの前で今後のビジョンや方針を発表したり、メンバーを鼓舞して一体感を高めるために期首のスピーチをしたりすることもあるでしょう。そんなときにリーダーに求められるのは「強い意志」と「明確な目標」を提示することです。

2021年、プロ野球で日本一になった東京ヤクルトスワローズの高津臣吾監督が、選手たちに何度も繰り返して伝えていたのが「絶対大丈夫」という言葉です。

また、2023年、野球のワールド・ベースボール・クラシック（WBC）決勝戦の直前に、大谷翔平選手がチームメートに語ったのは「今日1日だけは、彼ら（アメリカチーム）へのあこがれを捨てて、勝つことだけ考えていきましょう」という力強い言葉でした。

大きな目標をクリアするために、否定的な言葉を一切使わずに、ポジティブな言葉をかけていく。それがリーダーの役割のひとつです。

とくに今の時代は、ネガティブな言葉に対する拒否反応が強くなっています。「何くそ！」という反発心に期待して「そんなことじゃダメだ」「お前は戦力外だ」と否定的なことを言おうものなら、響かないどころかパワハラで一発アウト。年齢や性別などに関係なく、ダメ出しをして伸ばすような指導は通用しないのです。

先日、２０２３年のＷＢＣで日本代表チームを率いた栗山英樹監督と少しだけ話をさせていただく機会がありました。

栗山監督はテレビで見たままのソフトで穏やかな雰囲気の方で、ご自身が前に出てグイグイと引っ張っていくタイプには見えません。しかし、その胸の奥には人一倍熱い思いを秘めており、それは言葉にも見て取れます。

栗山監督は「信じる」という言葉を使って選手たちを鼓舞しました。その言葉を繰り返すことで、選手たちとの信頼関係を築いていったのです。一人ひとりに手紙で思いを伝えたと話していました。

不調だった村上宗隆選手を信じて起用し続け、それが決勝戦での特大ホームランにつながったのも、言葉を土台にした監督と選手との信頼関係の表れだったのではないでしょうか。栗山監督は誰よりも「信じる」思いが強い人、私はそう思っています。

リーダーというのは、本来、誰よりも思いが強い人がなるものだと私は考えます。そして、多くの言葉を用いなくても、自分自身の思いや情熱をチームの一人ひとりに届ける話し方こそが、リーダーに求められているのです。

ミッション、パッション、ハイテンション

リーダーに必要なのは巧みな話術などではありません。使命感を持って情熱的に、

かつ元気よく話すこと。これが私の持論です。

そして、それを「ミッション、パッション、ハイテンションション（使命、情熱、元気）」というスローガンにして提唱しています。

リーダーにもっとも必要なのは、チームの方向性を決めることでしょう。そうでなければ、メンバーをどこに導いていくべきか、わからなくなってしまいます。

向かうべき方向を示すことができれば、メンバー一人ひとりの役割・使命（ミッション）も決まるはず。後はメンバーをマネジメントしてチームを動かしていけばいいのです。

そして誰よりも強くて熱い情熱（パッション）を持って、チームを盛り立て、鼓舞し、モチベーションを高めていく。

また、チームが困難な状況に陥ったときも、率先して「問題ない」「必ず切り抜けられる」と前を向くのがリーダーの務めです。

下を向かず、暗くならず、顔を上げて元気にチームを奮い立たせる（ハイテンション）。張りのある声で明るくハキハキと、前に進むエネルギーが感じられるように、常に上機嫌で話すことを心がけるべきです。

さらに、「表情」も重要です。

終始、眉間に縦ジワを寄せて、苦虫を噛《か》み潰《つぶ》したような仏頂面で向き合っていれば、どんなに魅力的な言葉を発してもメンバーの心を動かすことはできません。

何を話すかも大事ですが、どのように話すかも、人の心をつかむうえで欠かせない要素なのです。こうしたポイントを意識すれば、メンバーは徐々にあなたに心を寄せ、強いチームが生まれるでしょう。

おわりに

「ちょっと何言ってるかわかんないです」

人気お笑いコンビ・サンドウィッチマンのネタによく出てくる、富澤たけしさんの定番ギャグです。

野暮は承知でこのギャグを分析すると、ポイントは、このひと言によってまともなことを言っている相方の伊達みきおさんが、なぜか「支離滅裂なことを言っている人」にされてしまう、という不合理さにあります。

相手の言っていることは筋が通っているし、正しいことを言っている。そんなときにあえて使うからこそ、おもしろいのです。

ただ、このセリフが私たちの普段の生活のなかで出てくるときは、本当に「話が伝わっていない」事態が発生しているときでしょう。

私は、過去に本気の「ちょっと何言ってるかわかんないです」に遭遇した経験があります。

「先生！　さっきから何を言っているのか、全然わかんないんですけど！」

以前、ある高校で教育実習生の授業を見学する機会があり、そのときに耳にしたのがこの衝撃的な発言です。

教育実習生が教壇に立って数学の授業をしているなか、私は生徒たちの机をまわりながら個々の様子を観察していました。

ところが、実習生の説明を聞いている生徒たちの多くは「？」という表情をしています。ノートを見ても、メモがしっかりとられている様子はありません。

（みんな、授業の内容がわかっていないんじゃないかな……）

そのときの私の心配は、理解できていない生徒が多いということではなく、生徒たちが理解できていないにもかかわらず、実習生が授業をどんどん先に進めていってしまう状況にありました。生徒たちが置き去りにされているのです。

やがて、もうすぐ授業も終わりという段階になって、ひとりの女子生徒が言い放ったのが先ほどの発言だったのです。

彼女の訴えによって、その教育実習生には、自分の話が伝わっていないことがしっかりと認識できました。

ショックだったと思いますが、いくら熱心に話しても伝わらないことがあると理解できたのは、貴重な経験だったのではないでしょうか。

ここではたまたま教育実習という特殊な例を挙げましたが、どんなシチュエーションでも「話が伝わる人」と「話が伝わらない人」がいます。その違いを突き詰めていくと、結局「誰」を中心に話しているかに行き着くのではないか。私はそう思います。

話がうまい人は、相手本位のコミュニケーションをしています。

簡単に言えば、自分が話したいことを相手に理解してもらうのではなく、相手が理解しやすいように考えて話しているのです。

言いたいことが伝わらないとき、私たちはつい「理解してもらえない」と考えがちです。

「ちゃんと聞いてくれない」

「相手に理解力がない」

「曲解された」

こんなふうに、聞き手に原因を求めてしまうことがあります。

もちろん、実際にそうしたケースもあるかもしれません。

しかし、そこで「ならば、どう伝えればよかったのだろうか」と考えるのが「話がうまい人」なのです。

コミュニケーションで重要なのは、「何を話したか」よりも、「どう伝わったか」でしょう。

それならば、聞き手の理解を第一に考える姿勢が必要なはずです。

手短に簡潔に話すのは、聞き手の時間を無駄にしないため。

要点や結論から話すのは、聞き手を混乱させないため。

理解度を確認しながら話すのは、聞き手を「置いてきぼり」にしないため。

そう、「話のうまさ」とは聞き手に対する思いやりの深さなのです。

だから、心の片隅に「コミュニケーションとは相手ありきのもの」という意識を持っておきたいものです。それさえ忘れなければ、あなたの話はきっと、まっすぐ相手に伝わるはずです。

齋藤　孝

[著者プロフィール]

齋藤 孝（さいとう・たかし）

1960年静岡生まれ。明治大学文学部教授。東京大学法学部卒。同大学院教育学研究科博士課程を経て現職。専門は教育学・身体論・コミュニケーション論。教職課程で中高教員の養成に従事。『身体感覚を取り戻す』（NHK出版）で新潮学芸賞受賞。毎日出版文化賞特別賞を受賞した『声に出して読みたい日本語』（草思社）はシリーズ260万部のベストセラーとなった。著書に『理想の国語教科書』（文藝春秋）、『質問力』（筑摩書房）、『雑談力が上がる話し方』（ダイヤモンド社）、『情報活用のうまい人がやっている3色ボールペンの使い方』（フォレスト出版）、『呼吸がすべてを整える』（リベラル社）など多数。テレビ番組への出演も多く、NHK Eテレ「にほんごであそぼ」総合指導にも携わっている。

装丁デザイン　大場君人
本文デザイン・図版　尾本卓弥（リベラル社）
編集協力　柳沢敬法
撮影　長谷川博一
DTP　ハタ・メディア工房
編集人　安永敏史（リベラル社）
編集　木田秀和（リベラル社）
営業　津村卓（リベラル社）
広報マネジメント　伊藤光恵（リベラル社）
制作・営業コーディネーター　仲野進（リベラル社）

編集部　中村彩
営業部　澤順二・津田滋春・廣田修・青木ちはる・竹本健志・持丸孝

リベラル新書 007

話がうまい人の頭の中

2024年2月26日　初版発行

著　者　齋藤　孝
発行者　隅田　直樹
発行所　株式会社 リベラル社
〒460-0008　名古屋市中区栄3-7-9　新鏡栄ビル8F
TEL 052-261-9101　FAX 052-261-9134
http://liberalsya.com
発　売　株式会社 星雲社（共同出版社・流通責任出版社）
〒112-0005　東京都文京区水道1-3-30
TEL 03-3868-3275
印刷・製本所　株式会社 シナノパブリッシングプレス

　ISBN978-4-434-33409-2　C0295

リベラル新書の好評既刊

定価：900円＋税

| リベラル新書006 |

面白すぎて誰かに話したくなる

紫式部日記

著者：岡本梨奈

したたかに生きた女流作家の素顔とは？
大河ドラマ「光る君へ」を楽しむための必携本。

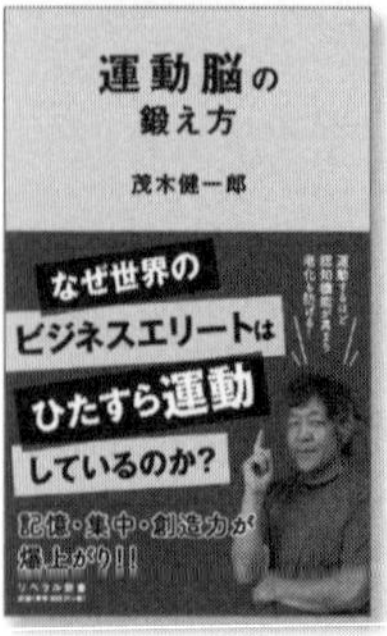

| リベラル新書005 |

運動脳の鍛え方

著者：茂木健一郎

運動するだけで記憶力・創造力などが大幅にアップ。変革の時代を「運動脳」で乗り切れ。

| リベラル新書004 |

AI時代を生き抜くための

仮説脳

著者：竹内薫

AIによる変革の時代の生存戦略!!
自分の未来を劇的に変える仮説の立て方。